Kraftplätze
im Chiemgau

Schoßrinn-Wasserfall
im Priental bei Aschau

Nikola Hollmann, Andrea Slavik

Kraftplätze
im Chiemgau

Wanderungen für Körper, Geist und Seele

Volk Verlag München

Alle Abbildungen: Nikola Hollmann und Andrea Slavik
außer S. 149 u. 155: © G. Standl/Kloster Seeon; S. 20: Wikipedia/Michael Eicken;
S. 150 u. 157: © S. Niederbuchner/Kloster Seeon; S. 154: © Christa Eder/dreamstime;
S. 158: Wikipedia/GFreihalter
Vordere Klappe, Foto Nikola Hollmann: Andi Werner
Vordere Klappe, Foto Andrea Slavik: Birgit Pichler

Die Deutsche Bibliothek verzeichnet diese Publikation in der
Deutschen Nationalbibliografie; detaillierte bibliografische Daten
sind im Internet über https://portal.dnb.de/ abrufbar.

© 2021 Volk Verlag München
Neumarkter Straße 23; 81673 München
Tel. 089 / 420 79 69 80; Fax: 089 / 420 79 69 86

Druck: DZS Grafik, d.o.o., Ljubljana

ISBN 978-3-86222-382-4

www. volkverlag. de

Inhalt

Übersichtskarte

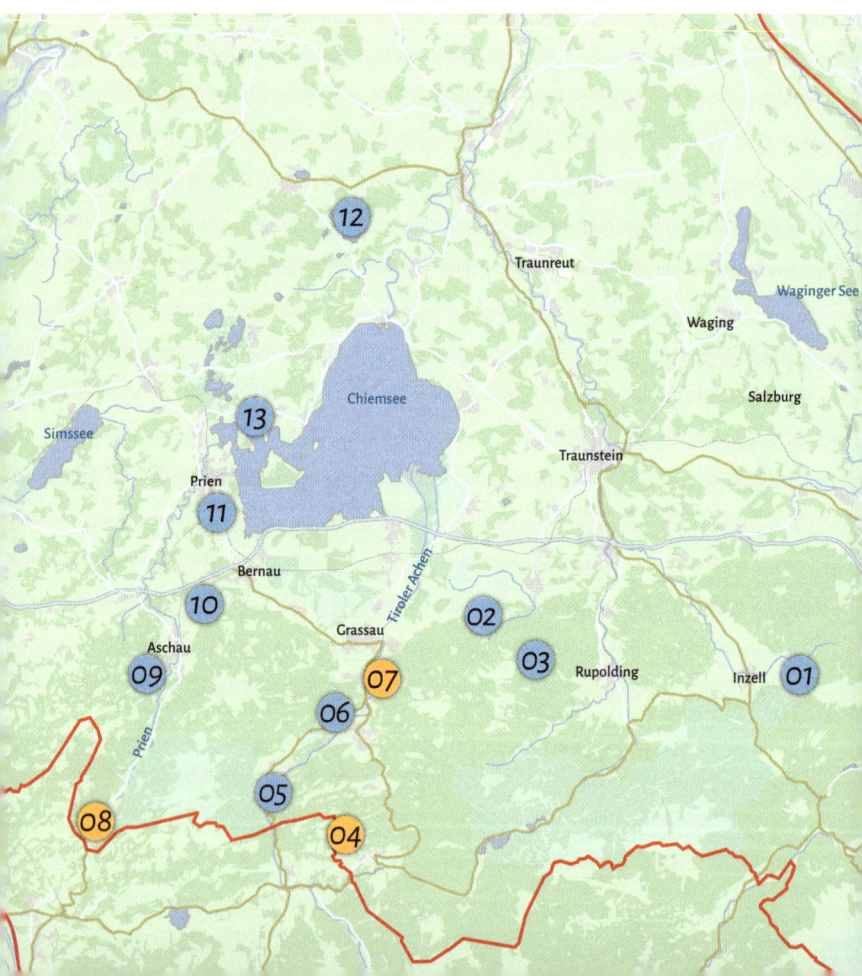

Liebe Leserinnen und Leser,

spüren, fühlen, wahrnehmen – sich ganz den Orten und der Natur hingeben. Hören und verstehen, was die Kraftorte uns mitteilen wollen. In Resonanz gehen mit einem mystischen Platz, mit seiner Kultur, Religion und Spiritualität Kontakt aufnehmen. Wir nennen das „spirituell wandern" und wir laden Sie ein, sich darauf einzulassen.

Wir haben uns auf den Weg gemacht, den Körper bewegt, den Geist befreit und erzählen von unseren Erlebnissen, von dem, was wir gehört und gesehen haben. Der Chiemgau beschenkt uns mit der Wildheit der beeindruckenden Bergwelt, mit sanften Tälern und natürlich mit dem Chiemsee und den vielen kleinen Seen im Voralpenland, mit uralten Zeugnissen einer bis heute lebendigen religiösen Kultur. Man kann gar nicht genug davon bekommen, es ist wie ein Sog, der einen immer tiefer hineinzieht.

Es ist uns deshalb eine große Freude, Ihnen 13 Wanderungen in den unterschiedlichen Regionen des Chiemgaus näherbringen und von unseren Erfahrungen auf den Wegen erzählen zu dürfen.

Rituale, Anregungen und Gebete, die Sie im Anschluss an jede Wanderung finden, können Sie bei Ihren ganz persönlichen spirituellen Aufbrüchen zu Kraftplätzen und mystischen Orten unterstützen.

Wir versuchen, in diesem Buch einen Bogen zwischen den Religionen und Kulturen zu spannen. Es gibt kein Entweder-oder, sondern nur ein Sowohl-als-auch. Wir erheben auch keinen Anspruch auf Vollständigkeit oder darauf, dass wir recht haben. Wir wollen auch nicht erreichen, dass Sie genau das fühlen, was wir gefühlt haben. Wir hoffen, dass unsere Erlebnisse Sie inspirieren und berühren – aber sie sind keinesfalls verbindlich oder gar dogmatisch. Machen Sie Ihre eigenen Erfahrungen, lassen Sie sich führen, nicht nur von uns, sondern vor allem von Ihrer eigenen Intuition und Wahrnehmung.

So wünschen wir Ihnen viele berührende Wanderungen und magisch-unvergessliche Stunden im Chiemgau.

Nikola Hollmann und Andrea Slavik

Der Chiemgau

Die Berge rund um Kampenwand, Hochgern, Geigelstein und Hochfelln, die Täler der Roten und der Weißen Traun, der Tiroler Achen und der Prien, die eiszeitlichen Seen, die Moore und Bäche, die liebliche Weidelandschaft im Voralpenland – selbst das Meer fehlt nicht, nennen die Einheimischen den Chiemsee, den drittgrößten See Deutschlands, doch das „Bayerische Meer".

Die Fülle der Natur entspricht der Fülle an heiligen Orten. An den Flüssen entlang zogen schon vor vielen Jahrhunderten die Menschen Handel treibend über die Berge und hinterließen ihre Spuren. An Quellen, an Mooren und Bäumen, an Felsen und auf Bergen haben sie in vorchristlichen Zeiten ihre Gottheiten angebetet oder der Natur gehuldigt. Heute stehen an vielen dieser Plätze Wallfahrtskirchen, von denen die meisten Maria geweiht sind. Auf uns wirkt es so, als würde in der Verehrung der christlichen Gottesmutter eine viel ältere Muttergottheit immer noch lebendig gehalten. An vielen Stellen begegnen wir – auf sehr unterschiedliche Art und Weise – Spuren, die auf den sogenannten „Drei-Bethen-Kult" hinweisen: in alten Sagen wie am Engelstein oder in drei unterschiedlichen Mariendarstellungen am Klobenstein.

Das Schöne an diesen Orten ist, dass sie kaum einen Unterschied machen zwischen dem religiösen Kult und der fantastischen Natur. Bis heute wallfahren die Menschen zu diesen heiligen Stätten, sie beten nicht nur mit den Füßen, wie der bekannte Pilgerspruch besagt, sondern auch mit allen Sinnen.

Die Tiere zu beobachten, Pflanzen am Weg zu würdigen, die Natur zu riechen und zu schmecken – und die Gastfreundschaft der Menschen zu genießen: Dazu lädt der Chiemgau zu jeder Jahreszeit ein, dazu laden vor allem die kraftvollen und heiligen Plätze der Region ein. Wir freuen uns darauf, Sie dorthin mitzunehmen!

Auf dem Windeck über
Marquartstein

Der Waldbach neben dem
Weg nach Maria
Klobenstein

Hinweise

Rituale in der Natur achtsam zu begehen, setzt voraus, dass Pflanzen, Tiere und Menschen nicht gestört werden. Dazu gehört, dass nichts liegengelassen wird, sondern alles wieder in den Rucksack kommt.

Nach einem Ritual ist es wichtig, sich bei den Wesen des Ortes zu bedanken. Eine Kupfermünze, etwas Süßes, Tabak – oder vielleicht finden Sie entlang des Weges ein kleines Opfergeschenk: eine schöne Blume, einen besonderen Stein, einen blühenden Zweig. Wir nehmen aber nur solche Blüten und Zweige mit, die auf dem Weg liegen und schon abgebrochen oder gepflückt wurden.

Vorsicht mit offenem Feuer in der Natur! Inzwischen ist die Waldbrandgefahr an vielen Orten sehr groß. In Bayern ist es grundsätzlich verboten, im Wald ein Feuer anzuzünden.

Die Zeitangaben zu den Wanderungen beziffern die reine Gehzeit. Diese ist berechnet nach den von den Alpenvereinen angenommenen Durchschnittsgeschwindigkeiten von vier Kilometern pro Stunde in der Ebene sowie einer Stunde pro 300 Höhenmeter im Aufstieg beziehungsweise pro 500 Höhenmeter im Abstieg.

Planen Sie aber deutlich mehr Zeit ein, wenn Sie sich intensiv auf die Orte und die Natur einlassen wollen! Um unabhängig zu sein, ist es immer ratsam, ausreichend Getränke und Proviant im Rucksack zu haben. Sollten Sie einkehren wollen, erkundigen Sie sich am besten vorher nach den Öffnungszeiten.

Anhand der berechneten Gehzeit und der angegebenen Höhenmeter können Sie abschätzen, welche konditionellen Anforderungen eine Wanderung an Sie stellt. Im alpinen Gelände ist es aber vor allen Dingen wichtig, die technischen Schwierigkeiten einschätzen zu können. Leichte Touren sind auch für Ungeübte und Anfänger geeignet. Auf den mittelschweren Wanderungen gibt es Passagen, die Trittsicherheit erfordern. Das Gelände und die Wege können bereits steil sein und Vorsicht ist geboten. Schwere Wanderungen erfordern Erfahrung und Trittsicherheit in anspruchsvollem Gelände und die Fähigkeit, sich auf nassem Untergrund sicher zu bewegen. An exponierten Stellen kann Absturzgefahr bestehen.

Bei allen Wanderungen ist es sinnvoll, das Wetter im Blick zu haben und gegebenenfalls abzubrechen.

Grundsätzlich gilt: Wandern geschieht auf eigene Gefahr.

Maria Klobenstein im
herbstlichen Sonnenschein

Der Weg des Spiegels
Von Adlgaß zum Frillensee und zum Falkensee

5:40 h Gehzeit

20,2 km Länge

350 hm leicht

Ein Steg führt über
die Moorwiesen.

Narziss fand es so betörend, sich selbst im Spiegelbild des
Wassers zu sehen, dass er sich sofort in sich verliebte. Er hat die
Chance verpasst, die darin liegt, sich selber aus anderer Perspek-
tive zu betrachten: sich selbst ein Stück besser zu erkennen — auf
dieser Wanderung laden die Spiegel verschiedener Seen und das
Echo zwischen den Bergen dazu ein. Der Bergerlebnispfad am
Frillensee und die Runde um den Falkensee bieten dazu einige
Anregungen — so viele, dass es auch möglich ist, den Weg zu
teilen.

Wegbeschreibung:

Wir starten diese Runde am Gasthaus Adlgaß. Links dahinter beginnt der Walderlebnispfad und führt uns links an einer Wiese entlang und dann durch ein Tor in den Wald, wo wir bald das Bachtal erreichen. Auf der anderen Seite der Brücke gehen wir nach rechts am Bach entlang weiter und folgen dem mit dem Feuersalamander markierten Walderlebnispfad bald nach links in den Wald. Nach einer kleinen Runde – einige „Erlebnisse" inklusive – führt der Pfad anschließend wieder an den Bach.

Weiter dem Bach entgegen wandern wir bis zu einer breiten Wegkreuzung. Dort gehen wir geradeaus bis zum Frillensee. Hier angekommen, nehmen wir nach rechts zuerst den Holzsteg auf die andere Seite des Sees und gehen einmal ganz herum, dann wieder über den Steg und danach rechts.

An der nächsten Kreuzung nehmen wir den linken Weg und folgen ihm, bis wir auf den Maximiliansweg treffen. Uns an seinen Markierungen orientierend wenden wir uns nach rechts und wandern bergab. Nach einer scharfen Rechtskurve zweigt er nach links ab und 500 Meter weiter, an einer fünfarmigen Kreuzung, verlassen wir den Maximiliansweg nach links.

Nach einer Rechtskurve biegen wir an der Kreuzung nach links und an der nächsten Kreuzung rechts ab. Nun befinden wir uns auf der Runde um den Falkenstein. An einer Kneippanlage am Bach zweigt nach links der Weg zum Krottensee ab.

Nach dessen Besuch kommen wir zurück auf den Weg, der uns nun links weiter um den Falkenstein herumführt. Wir folgen den Schildern Richtung Eislauf-Arena, biegen also vor den Häusern links ab und bleiben

Ein Geschenk aus Stein am Wegesrand

immer so nah wie möglich am Falkenstein. Wo die Bichlstraße rechts abbiegt, gehen wir links, auch wenn es so wirkt, als würden wir auf Privatgelände wandern.

Über einen schönen Pfad am Waldrand gehen wir bis zum Eisstadion und dahinter links am Zwingsee vorbei Richtung Straße. Nun folgen wir weiter der Falkensee-Runde am See vorbei bis zur Abzweigung nach Adlgaß.

An der nächsten Kreuzung nach einem kleinen See kommt von rechts der Weg, auf dem wir vorher hierhergelangt waren. Hier gehen wir auf dem anderen Weg Richtung Adlgaß über Einsiedl. So erreichen wir in Breitmoos eine kleine Straße, in die wir nach rechts einbiegen. Nach dem kleinen Dorf zweigt nach links ein Wiesenweg gut beschildert ab und führt auf die St.-Nikolaus-Kirche in Einsiedl zu. Vorher müssen wir an einem Kreuz noch einmal links und dann auf der kleinen Straße rechts abbiegen.

In Einsiedl führt der Weg links weiter an einem Weiher entlang und vor der Straße nach Adlgaß dann nach rechts bis zu einer T-Kreuzung. Dort geht es links hinunter zur Straße und zurück zum Ausgangspunkt.

Ausgangspunkt in
83334 Inzell:
Adlgaß 1

ÖPNV:
Bushaltestelle „Adlgaß"

Wegbeschaffenheit:
Überwiegend breite Wander- und Forstwege. Beide See-Runden können auch bei Schnee gegangen werden.

Am Weg:
Bergerlebnispfad, Frillensee, Krottensee, Eislauf-Arena, Falkensee, St.-Nikolaus-Kirche

Einkehr:
Gastronomie Adlgaß, Gastronomie an der Max Aicher Arena

Tipp:
Von der Stelle, an der wir von der Straße zwischen Kreuzspitze und Falkenstein wieder abbiegen, sind es rund 700 Meter bis zum Weißbach-Wasserfall und zum Gletschergarten.

Besonderheit:
Diese Runde beschreibt eine Acht, sie kann auch gut in zwei Teilen gegangen werden.

▷ Wie den Gruß eines alten Bekannten lese ich die Worte des österreichischen Schriftstellers Franz Kafka auf der Tafel hinter dem malerischen Gasthof in Adlgaß: *„In den Wäldern sind Dinge, über die nachzudenken man jahrelang im Moos liegen könnte."* Und so treten wir durch ein Holztor in den mystischen Wald und lassen uns zunächst auf den Erlebnispfad ein mit seinen Sprüchen, Informationen und Attraktionen.

▸ Obwohl wir uns heute eine große Runde vorgenommen haben, lassen wir uns nicht aus der Ruhe bringen. Wenn wir es schaffen, Frillensee und Falkensee in einer Wanderung zu besuchen, ist es gut – wenn nicht, ist es auch gut. Also nehmen wir uns alle Zeit, die die Natur auf dem Weg zum Frillensee von uns erbit-

Hinter dem Zwergentor zeigt sich das Innere der Erde.

tet. Der Erlebnispfad zweigt von dem breiten Weg ab und führt in einer kleinen Kurve durch wunderschön wilden Wald.

Zwei kleine Experimente warten auf uns. Das eine lädt dazu ein, durch kleine Rohrstücke in die Bäume zu blicken und dadurch den Ausschnitt zu fokussieren. Ein Selbstversuch, der das eigene Schauen schult. Wie nehme ich meine Umgebung wahr? Wie erkenne ich das Wesentliche besser – als großes Ganzes oder im Detail? Neugierig schauen wir durch jedes Rohr und nachdem wir uns intensiv umgesehen haben, gehen wir mit dem Wissen weiter, dass uns die Natur alles zeigt – wir aber niemals mehr als einen Bruchteil davon aufnehmen können. Aber dieser Bruchteil lässt uns das große Ganze erahnen, die ganze Fülle, die die Schöpfung für uns bereithält.

▷ *An einer Station befindet sich eine kleine Tür – wie ein Zwergentor in die Erde. Ich öffne sie, ganz gespannt darauf, was sich dahinter verbirgt. Es ist eine Plexiglasscheibe mit Blick in den Waldboden. Ich bin begeistert. Wie ein Kind beobachte ich, was da alles in der Erde krabbelt und sich versteckt. Eine Handvoll Waldboden enthält ungefähr so viele Lebewesen wie Menschen auf der Erde leben, lese ich. Darüber steht ein Spruch von Hildegard von Bingen: „Tragt Sorge zu unserer Erde. Seid zu ihr zärtlich und lieb."*

An einem besonderen Stein und einer kleinen Bucht am Bach bleiben wir stehen. Es ist ein besinnlicher Ort und ich könnte mir gut vorstellen, hier ein kleines Ritual durchzuführen, aber eine Gruppe Hundebesitzer kommt des Weges und wir gehen weiter. „Wir haben das Gehör verloren, für die Sprache der Natur", steht auf der nächsten Tafel und ich muss lächeln. Die bellenden Hunde und ihre Besitzer zeigen, dass der Mensch die Natur sehr wohl hören möchte und Tiere für den Menschen wichtige Begleiter sind.

▸ Wenn man wie ich in der Stadt lebt, gewöhnt man es sich an, über die Geräusche hinwegzuhören. Umso mehr versuche ich, in der Natur auf alle Töne zu achten: das Rauschen des Wassers, das Singen der Vögel, das Flüstern des Windes in den Blättern der Bäume. Und bald wartet ein besonderes akustisches Erlebnis auf uns. In einen Fels wurde ein Loch gefräst, eine Klang-Höhle: Ich

stecke meinen Kopf hinein und beginne zu summen – bald ist der ganze Hohlraum von meiner Stimme erfüllt und die Vibration über-

Der Klangstein am Walderlebnispfad

trägt sich zurück auf meinen Kopf. Es ist fast nicht mehr zu unterscheiden: Der Klang kommt ja nicht von außen, sondern aus mir, aber es ist, als würde die kleine Höhle für mich singen. Als würde ich dem Stein meine Stimme leihen, als könnte ich den Felsen zum Vibrieren bringen. Ich bin in allem, alles ist in mir – vielleicht ist dies in diesem kleinen Selbstversuch hörbar.

▷ *Und dann sind wir am Frillensee und der Ausblick ist überwältigend: auf die steile Felswand, die sich hinter dem See auftürmt und sich im Wasser widerspiegelt. Über uns leuchtet der Zwiesel und die Spitze des Hochstaufen. Wir biegen sofort hinab zu der kleinen angelegten Plattform am See und bleiben dort andächtig stehen. Ein Bergsee, wie er beeindruckender und berührender nicht sein könnte. Das Wasser grünblau und die Berge und Felsen dahinter kontrastreich und mächtig. Eine große Ehrfurcht überkommt mich und am liebsten würde ich mich hinknien, mich verneigen vor der Schönheit und Erhabenheit der Natur.*
Der Frillensee liegt wie ein dunkles Auge zwischen den Bergen. Auf mich wirkt er wie der See der Göttin Percht: „Blicke hinein und ES blickt dich an, dein wahres Ich. Der See der Erkenntnis. Bitte die Göttin um Erlaubnis und erkenne dich selbst."

Im Frillensee spiegelt sich
die Spitze des Hochstaufen.

▸ Wir sind ganz bei uns und der Stille des Ortes und genießen unsere Brotzeit auf der hölzernen Plattform am Ufer. Auf dem Holzsteg zwischen Moor und See beginnen wir dann unsere Runde um den angeblich kältesten See Mitteleuropas, der ungewöhnlicherweise zuerst in der Mitte gefriert, bevor sich das Eis zu den Ufern hin ausdehnt.

Immer noch hören wir die Stimmen der Hundebesitzer. Das erinnert an die Zeit, als hier zwischen 1959 und 1963 Eisschnelllaufmeisterschaften stattfanden. Seinen Ruf als Zentrum dieses Sports hat Inzell diesem See zu verdanken, der oft schon im November zugefroren ist. Zum Glück ist das Eislaufzentrum aber inzwischen umgezogen und der Frillensee ist wieder das, was er ist: Ein Ort, an den die Menschen kommen, um Kraft zu schöpfen – so haben es uns viele Einheimische erzählt und uns gedrängt, den See in unsere Wanderungen aufzunehmen.

▷ *Vom Steg durch das Moor blicke ich auf und sehe vor meinem geistigen Auge eine Barke über den See fahren. Der Schattensee: „Schau in deine Schattenwelt, erkenne dich und deine Abgründe. Das Auge der Berg- und Übergangsgöttin Percht blickt dich an. Es wirft dir dein Abbild entgegen. Die Göttin fordert dich auf, mutig zu sein, die Felsen und Abgründe nicht zu scheuen. Sie begleitet dich auf deinem Weg zu dir selbst."*

Als wir unterhalb der Felsen stehen, geht der Blick über den See hinweg zu den Hügeln in der Ferne. Von hier aus hat er ein anderes Gesicht. Er ist weicher und lieblicher. Dafür haben wir nun die Felswand im Rücken und können die Gewalt der Göttin erkennen und spüren. Die Natur und ihre Elemente haben auch eine zerstörerische Kraft: Vor einigen Jahren ist hier eine Mure abgegangen. Aber aus der Zerstörung geht wieder Neues hervor. Das ist der Kreislauf des Lebens. Werden und vergehen – für die Natur ist das normal: Die Tiere und Pflanzen fügen sich in diesen Rhythmus, nur der Mensch versucht, sich zu widersetzen, sich und seine Lieben zu schützen, Sicherheit und Stabilität ins Leben zu bringen.

Wie es wohl unseren Ahnen dabei ergangen ist, der Natur und ihren Gefahren ständig ausgeliefert zu sein? Da kann ich mir gut vorstellen, dass sie mit der Barke auf den See gefahren sind und Opfer gebracht und Rituale gefeiert haben, um die Natur und ihre Elemente zu besänftigen.

Der Spiegel, das Auge der Göttin, nimmt mich ins Visier: „Machst du, was dir guttut? Jeder Tag ist ein Geschenk: Würdigst du ihn dadurch,

Schimmert da das Auge der Göttin Percht?

dass du ganz im Hier und Jetzt lebst? Bist du dankbar für das, was du hast?" Ernst schaut die Göttin mich an. Sie will eine Antwort, doch ich kann und will sie ihr jetzt nicht geben. Ich gehe weiter und entziehe mich ihrem strengen Blick.

Der Übergang zum Falkenstein gibt uns die Möglichkeit, uns darüber auszutauschen, was uns bisher begegnet ist. Andrea erzählt von ihrer Begegnung mit der Percht. Ich erzähle ihr von meinen Sinneserfahrungen, davon, wie ich diesen See, den Wald und die Menschen gesehen und gehört habe, inspiriert durch die Stationen des Bergerlebnispfades. Und so erreichen wir den Falkenstein, der wie ein Wächter vor dem Übergang vom Inzeller Tal in die Berge steht.

▸ Gleich zu Beginn unserer Runde gehe ich den kurzen Weg zum Krottensee, während Andrea am Bach sitzen bleibt. Unberührt liegt der See da, vor mir steht der Falkenstein und wieder sind es die Klänge, die mir auffallen. Das Singen der Vögel, das leise Säuseln des Windes in den Gräsern, auch hier übertönt von menschlichen Rufen. Der Wanderweg ist nicht weit und so schallen Unterhaltungen und Lachen herüber. Es ist schön, hier zu stehen, allein und doch nicht allein. Alles ist in allem, denke ich wieder. Die fröhlichen Stimmen machen mich heiter und ich möchte wieder unter Menschen kommen und freue mich darauf, Andrea zu treffen und mit ihr weiterzugehen.

Burgstall heißt der nächste Hof, an dem wir vorbeikommen. Ob hier früher einmal eine Burg stand, ist nicht sicher. Aber auf der eingezäunten Wiese stehen einzelne ungewöhnliche Steine, die – zwischen dem Moor und dem besonderen Berg gelegen – früher durchaus eine kultische Bedeutung gehabt haben können.

„Kult" kommt aus dem Lateinischen von „bebauen" oder „pflegen" und so ist es sicher nicht falsch, wenn man sagt, dass rund um den Falkenstein immer noch Kult betrieben wird, wenn auch auf andere Art: Als eine Trainingsgruppe in finnischen Trikots an uns vorüber joggt, wird uns bewusst, dass aus Inzell inzwischen ein Zentrum des Eislauf-Sports geworden ist, dessen Stadion Akteu-

Ein Marterl zwischen den Lebensbäumen

rinnen und Akteure sowie Fans aus aller Welt anlockt. Was treibt Menschen an, alles auf diese eine Karte zu setzen und sich und ihren Körper dieser einen Sache zu weihen, fragen wir uns, als wir all die jungen Menschen sehen, die am Eisstadion trainieren. Die Fragen der Berggöttin kommen mir in den Sinn, von denen Andrea mir eben erzählt hat: Machst du, was dir guttut?

▷ *An der Straße zwischen den beiden Wächterbergen, der Kreuzspitze und dem Falkenstein, wachsen unendlich viele Heilpflanzen – sie scheinen sich geradezu aus dem Boden zu drängen, einfach so neben dem Asphalt. Eine Spinne mit dickem Bauch fällt mir auf: eine Vierfleckkreuzspinne. So eine habe ich noch nie gesehen – welch eine besondere Weberin. Spinnen werden in Verbindung gebracht mit Weiblichkeit und dem Wirken des Schicksalsfadens. Diese trägt ein Kreuz auf dem Rücken und ist besonders gut dafür geeignet, das Netz der Berggöttin Percht zu weben, das Schicksalsnetz.*

▸ Jetzt erst, als wir von der Straße abbiegen, lässt der Falkenstein seine ganze Energie spüren. Ich empfinde ihn als anziehend und abweisend zugleich, ein bisschen unheimlich ist er mir sogar. Also wende ich mich der lieblichen Wiese unterhalb des Großen Turms zu. Sie ist ganz durchzogen von Wasserläufen und kleinen Bächen. Einer schlängelt sich zum Weg herüber und begleitet uns zum Falkensee. Er ist ein Phänomen, denn obwohl er gar nicht so langsam fließt, ist er extrem leise, so als wollte er uns etwas zuflüstern, ein Geheimnis, nur für uns …

▷ *Am Falkensee, hinter dem die Felswand des Großen Turms aufragt, spüre ich die Percht wieder. Sie erzählt von ihrem Reich, von den Höhlen und Gängen im Berg. Neben uns steht eine Familie mit drei Kindern, die nicht aufhören können, ihre Namen über den See zu rufen und auf das*

Echo der Göttin zu hoffen. Hier ist es nicht das Spie-
gelbild wie am Frillensee, hier ist es das Echo, der
Widerhall der Stimme, in dem sich die Menschen zu
erkennen suchen. Und die Göttin wiegt ab, welche
Worte zu ihr durchkommen. Welche sie erwidert und welche nicht.

Panoramablick ins Inzeller Tal – in der Mitte der Falkenstein

    Und dann treten wir hinaus auf die Wiesen. Der Falkenstein und
seine Göttin liegen nun hinter uns. Das Moorgebiet ist sanft und beru-
higend. Nach all den aufgeladenen Energien an den Felsen tut es gut,
über die lieblichen Weiden bis zur ehemaligen Einsiedelei zu wandern.
Immer wieder drehen wir uns um und genießen den Blick in Richtung
Inzell und zum Falkenstein, der wie ein riesiger Götterstein unter uns im
Tal liegt.

    Die Kirche St. Nikolaus, deren Eingang von mächtigen Eiben ver-
borgen wird, liegt direkt am Einsiedlerhof. Luitpold II. Graf von Plain
war von Kaiser Barbarossa 1167 angeheuert worden, die Stadt Salzburg
fast gänzlich zu zerstören. Zur Strafe wurde er vom Salzburger Erz-
bischof nach Inzell in die Einsiedelei verbannt. Als Akt der Buße und
Sühne ließ er die Kirche erbauen und blieb bis zu seinem Lebensende im
Jahr 1190 als Einsiedler auf dem Gutshof.

    Heute ist es ein idyllischer Ort und das kleine Gotteshaus wird von
den Bauersleuten liebevoll betreut. Allein die giftigen Eiben, die Bäume
der Anderswelt, erzählen noch die Geschichten von Tod und Verbrechen,
von Buße und Vergebung.

Auf dem Weg hinauf nach Adlgaß lassen wir unsere Blicke schweifen.
Vor uns der Zwiesel und der Hochstaufen, hinter uns das Inzeller Tal.
Von allen Seiten lächelt uns die Berggöttin Percht zu. Sie hebt ihre Hand
und signalisiert, dass sie uns heute ziehen lässt. Wir haben sie erkannt
und ihr Respekt gezollt. Wir haben einen Teil unserer Schatten gesehen
und ihr offengelegt. Sie entlässt uns ins Leben und zeigt, dass Loslassen
immer auch Neues bringt.

Ritual
Den Wald erleben

Auf dem ersten Wegstück von Adlgaß bis zum Frillensee bietet sich die Möglichkeit, die Stationen des Erlebnispfades in die Wanderung zu integrieren und einige der Angebote auszuprobieren. Die Stationen machen Spaß, sind lehrreich und unterhaltsam. Danach kannst du dir überlegen, welche Stationen dich angesprochen haben und warum. Vielleicht kannst du etwas über dich und deine Interessen erfahren. Wenn ihr zu zweit oder in der Gruppe unterwegs seid, könnt ihr euch auf den Steg am See setzen und euch darüber austauschen.

Die Erlebnisstation
„Boden lebt"

Der Weg der Wiedergeburt
An der Weißen Achen zum Engelstein

4:30 h Gehzeit

14,2 km Länge

521 hm   leicht

Ein wunderschöner Platz
am künstlichen Wasserfall

*Dass uns die Berggöttin Percht auf dieser Wanderung begleiten
wird, verspricht schon der Name des Ortes, von dem wir starten:
Bergen, das früher einmal Perch geheißen hat. An der Weißen
Achen entlang wandern wir zuerst zu einem Wasserfall und
dann zum Engelstein, den man von der Ebene aus schon von
Weitem sieht, und zum Höllloch. Wir sind allerdings der
Meinung, dass die Namen umgekehrt lauten müssten: der
Höllenstein und das Engelsloch.*

Wegbeschreibung:

Vom Parkplatz an der Hochfelln-Seilbahn aus gehen wir zurück zur Hochfellnstraße und biegen nach links ab. Zwischen den historischen Gebäuden der Maxhütte hindurch wandern wir in das Tal der Weißen Achen. Dem Sträßchen folgen wir bis zum Parkplatz „Kohlstadt".

Dahinter führt zunächst ein Weg über eine Brücke, den wir ignorieren. An der nächsten Kreuzung ist ein Wasserfall ausgeschildert und diesen Schildern folgen wir nach links. Bevor wir den natürlichen Wasserfall erreichen, liegt ein weiterer am Weg, der durch ein Wehr gebildet ist. Nach dem Besuch der beiden Fälle kommen wir anschließend wieder an diese Kreuzung, gehen aber nicht nach Kohlstadt zurück, sondern halten uns bergauf schräg links Richtung Engelstein.

Auf der Höhe angelangt, fällt der Weg in einer Linkskurve wieder ab. Dort zweigt nach rechts der beschilderte Weg Richtung Engelstein, Pattenberg und Bergen ab. Knapp 200 Meter wandern wir durch den Mischwald leicht bergab, bis der Weg eine fast rechtwinklige Kurve nach rechts beschreibt. Geübte können hier nach rechts über den schmalen Pfad den Grat bergauf wandern. Von oben hat man eine beeindruckende Aussicht auf den Chiemsee und das Voralpenland.

Anschließend steigen wir wieder zu dem Waldweg hinunter, in den wir nun nach rechts einbiegen. Dort wo dieser dann auf eine Wiese heraustritt, zweigt bald ein Pfad scharf nach rechts ab. Auf einem breiten Weg geht es bergauf bis zu einer kleinen Ebene im Wald, wo ein Pfad im spitzen Winkel nach links weiterführt.

So erreichen wir den Engelstein und links unterhalb das Höllloch. Der Engelstein kann nur von geübten Kletterern mit entsprechender Ausrüstung bestiegen werden.

Um unsere Wanderung fortzusetzen, gehen wir auf der gleichen Route wieder zurück und treffen auf der Wiese wieder auf den Weg, in den wir nun nach rechts einbiegen, weiter Richtung Pattenberg. Wir bleiben auf diesem Hauptweg, bis wir das Dorf erreichen.

In Pattenberg gibt es zwei beschilderte Möglichkeiten, Richtung Bergen zu wandern. Wir wählen die linke Variante. Vor einem Garagenhäuschen zweigt nach links ein für Radfahrer gesperrter Steig ab und diesem folgen wir ins Tal.

Unten angelangt, überqueren wir eine Wiese und einen kleinen Graben, an dem entlang wir auf Häuser zugehen. Zwischen den

Mühlwinkler Hof

Museum Maxhütte

Mühlalpkopf
1.061 m

600 m

400

200

0

Geschwendkopf
1.014 m

Weiße Achen

Höllloch (Höhle)

Engelstein
972 m

Chiemseeblick

Wehr und Wasserfall

Wasserfall am
Birkenmoos

Schutzhütte

Grundstücken nehmen wir einen schmalen Pfad nach links, kommen an einer Kapelle vorbei und überqueren die Straße.

Dann wandern wir über die Wiese bis zur Achen, gehen über die Brücke und dahinter nach rechts am Fluss entlang zurück zur Talstation.

**Ausgangspunkt in
83346 Bergen:**
Parkplatz an der Hochfelln-
Seilbahn, Maria-Eck-Straße 8

ÖPNV:
Haltestelle „Bergen
Hochfellnbahn"

Wegbeschaffenheit:
Überwiegend breite Wander-
und Forstwege. Durch das
Achental Asphalt. Bei Schnee
nicht präpariert.

Am Weg:
Museum Maxhütte, Wasserfall
am Wehr, Wasserfall im Birken-
moosgraben, Chiemsee-Aus-
sicht, Engelstein, Höllloch-Höhle

Einkehr:
Mühlwinkler Hof an der
Hochfellnbahn

Für das Ritual:
Sprich den Meditationstext auf
dein Handy, wenn du ihn am
Wasserfall anhören möchtest.

Die Aussicht auf den Chiemsee
und das Voralpenland ist
beeindruckend.

▸ Die sanfte Ebene rund um Bergen war schon in vorchristlicher Zeit besiedelt und auch die Römer haben hier ihre Spuren hinterlassen. Doch der Name, mit dem der Ort erstmals im Jahr 924 urkundlich belegt ist, weckt die Erwartung, dass wir es mit einem ganz besonderen Platz zu tun haben: Perch und Perga wurde Bergen damals genannt und wir hoffen, dass uns die Göttin Percht hier begegnen wird.

Die Weiße Achen begleitet uns von Bergen aus durch das Tal.

Das Tal der Weißen Achen führt uns in die Berge und auch wenn wir überwiegend auf einem Asphaltsträßchen wandern, ist das Tal von einer ganz bezaubernden Schönheit. Links von uns der Hochfelln und rechts die Ausläufer des Hochgerns lassen wir uns von dem Blick auf den Fluss beleben, der uns fröhlich rauschend entgegenspringt.

Wo sich die Straße zwischen der Achen und einer gewaltigen Felswand hindurchwindet, bleibt mein Blick an einem kleinen Marienaltar hängen. Die in den Stein hineingearbeitete Nische ist himmelblau mit goldenen Sternen ausgemalt. Plötzlich reißt mich ein Geräusch aus meiner Betrachtung, das ich nicht zuordnen kann. Zuerst leise, dann immer lauter rumort es hinter der Madonna. Das Geräusch kommt aus dem Felsen. Und während ich mich noch frage, ob sich im Berg die Percht rührt, ruft Andrea mir auch schon zu: „Da ist etwas über dir."

Der Siebenschläfer lugt aus der Nische.

Ein Tier hängt aus einem kleinen Hohlraum über dem Altar, bereit für den Sprung auf meine Schulter. Als sich unsere Blicke treffen, weichen wir beide erschrocken zurück. Den Kopf und die großen Ohren, die Pfoten, die von hier aus wie kleine Hände wirken, kann ich noch sehen, und mir wird klar, dass wir mitten am Tag einem Siebenschläfer begegnen. Normalerweise schlafen diese Tiere um diese Zeit im Oktober schon in ihren Höhlen unter der Erde. Dieses hier verbringt den Winter hinter dem Marienaltar im Felsen – unter dem Schutz der Gottesmutter.

Ich bitte das Tier um Entschuldigung für die Störung und frage es, ob es mir etwas sagen möchte. Und es erzählt mir von den Legenden, in denen Menschen in Not dadurch gerettet werden, dass sie in einer Höhle schlafen, bis die Gefahr vorüber oder eine Wandlung vollzogen ist – bis etwas Neues begonnen hat.

Noch einmal schaue ich auf die Mariendarstellung: die Himmelskönigin, dargestellt als ganz normale Frau, die ihr Kind auf dem Arm hält, das seinen Kopf vertrauensvoll in die Kuhle an ihrem Hals kuschelt. Auch eine Art von Höhle, die Sicherheit und Geborgenheit verheißt.

▷ *Und dann kommen wir an eine besondere Stelle. Aus einer blanken Felswand rinnen mehrere kleine Quellen. Es ist, als ob sich Tränen über ein riesiges Gesicht verteilen. Mit Moos und Algen bedeckt, blickt der Fels uns von der anderen Seite des Baches an. Erstaunt und andächtig bleiben wir stehen und schauen ihm beim Weinen zu. Mit Hingabe lässt er das Wasser und die Tränen fließen. Ob es Tränen der Freude oder der Trauer sind, vermögen wir nicht zu sagen – vielleicht beides.*

Der Bach führt uns weiter und gegenüber einer Wiese kommen wir zu einem alten Bauernhaus. Am Weg sprudelt eine Quelle aus einem Schlauch in einen Brunnen, im Garten steht ein Kreuz: „Im stillen Gedenken an die Opfer des Kapitalismus." Am Tor hängt ein Tierschädel und auch das alte Haus erzählt uns eine Geschichte mit einem Spruch, der auf der Mauer geschrieben steht:

Die weinende Wand

„Dis ist mein Hauß und doch nit mein / es wird auch nit den zweiten sein / den dritten get es auch wie mier / wan der Tod komt vor die Thüer / und komt der Tod muß ich heraus / jezt sag mier wem gehört dis Hauß."

▸ Mir ist ein anderer Spruch aufgefallen, der ebenfalls an der Hauswand steht: „Ich lebe und weiß nicht wielang, / ich sterbe und weiß nicht wan, / ich reise und weiß nicht wohin, / mich wunderts daß ich so fröhlich bin."

Weise Menschen haben hier gelebt – oder leben immer noch hier – inmitten der Berge, im Reich der Göttin Percht. Leben und Sterben so nah beieinander, dass es das eine nicht ohne das andere gibt. Nachdenklich wandern wir weiter und unterhalten uns darüber, wie sehr wir Menschen am Irdischen und Materiellen hängen und wie wenig wir am Ende mitnehmen dürfen. Nicht einmal unseren eigenen Körper.

▷ Schweigend gehen wir weiter und kommen an einem Holzkreuz vorbei. Ich steige die paar Schritte hinauf und obwohl ich Kreuze normalerweise nicht mag, finde ich dieses sehr schön. Es gibt mir Hoffnung: Auch wenn wir nichts mitnehmen, unsere Seele lebt weiter und alles, was wir mit Hingabe und Liebe getan haben, ist von Bestand.

Und dann sind wir am Wasserfall. Über eine kleine Holzbrücke gehen wir in den Wald und zu der Felswand, über die sich das Wasser senkrecht in die Tiefe stürzt. Das Becken ist gut zu erreichen und ich ziehe mir die Schuhe aus

Der Spruch an dem Haus gibt zu denken.

und stelle mich in das eiskalte Wasser. Ich blicke **Am Wasserfall kann man**
nach oben, sehe den Strahl, der über die Kante fällt **alles loslassen.**
und sich in das Becken ergießt. Ich habe das Ge-
fühl, zu schweben, das Wasser fällt nach unten und ich fliege nach oben.
Es staubt und rauscht und ich bin eins mit diesem Ort. Ich spüre die
Kälte und den Wind nicht mehr. Ich bin Teil des Wasserfalls geworden.

▶ Zum Engelstein müssen wir von dem breiten Forstweg in einen
Waldpfad abbiegen. Und unmittelbar empfangen uns die sich
dicht drängenden Bäume, als hätten sie uns erwartet. Wir fühlen
uns willkommen und sicher.

Es ist wie im Leben: Wenn wir uns sicher und geborgen fühlen, wollen wir weiterziehen, neue Erfahrungen machen, hoch

hinaus. Deshalb steigen wir den Pfad hinauf, der rechts über einen schmalen Kamm zu den ersten Felsen führt – nur weil wir das Bedürfnis haben, in die Ferne zu schauen. Tatsächlich ist der Blick über den Chiemsee sehr beeindruckend.

▷ *Der Weg führt uns durch den mystischen Wald hinauf und da stehen sie zwischen den Bäumen: der Engelstein und der Fels, in dem sich das Höllloch verbirgt. Zuerst erkunden wir den Engelstein, aber so steil und gefährlich wie er ist, strahlt dieser Engel keine Güte aus. Und so wenden wir uns dem Höllloch zu. Wenn der Engel kein Engel ist, dann ist die Hölle vielleicht auch keine Hölle, denken wir.*

▸ Der Sage nach trägt der Engelstein seinen Namen, weil unter den beiden Felsen die drei Wilden Frauen, die drei Fräulein Engela, Hatzinga und Willibirga, gelebt haben sollen. Dort hüteten sie einen Schatz. Den Schlüssel zu dem Schatz trug eine Schlange im Maul, ein schwarzer Hund mit roten Augen bewachte den Eingang.

Die Dreiheit und die Details – der Schatz in einer Truhe, die Schlange und der schwarze Hund mit den feurigen Augen – sind Bestandteile zahlreicher Legenden, die immer dort entstanden, wo sich

Links: Der Eingang ins Höllloch
Rechts: Höhlenausgang

in früheren Zeiten ein Heiligtum des keltischen Dreifrauenkultes befand.

Die Rute wird zum Symbol für die Flamme.

Der Spalt, durch den wir in das Höllloch
gehen, führt durch das Innere des Steins, der nach hinten offen
ist. Für mich ist der Bereich, in dem Menschen eine Feuerstelle
angelegt haben, keine Höhle, sondern ein Durchgang.

▷ *Brennende Kerzen stehen in den Felsvorsprüngen, Opfergaben lie-*
gen in den Nischen versteckt. Die Höhle führt hinüber in eine halbrunde
Arena aus Felsen. Jemand hat den Ausgang dorthin mit dicken, langen
Ästen abgesperrt.

▸ Wer will verhindern, dass wir weitergehen? Andrea und ich
schauen uns kurz an und dann überwinden wir das Hindernis,
treten auf den Hang unter dem leicht vorgeneigten Felsen hinaus
und wissen beide: Der eigentliche heilige Ort ist hier, unter dem

37

Wer den Abstecher macht, kommt unter diesem Felsen heraus.

halbrunden Stein, der uns wie der Schutzmantel der Madonna umfängt.

▷ *Ich will hinauf zu diesem steinernen Rund, das über mir thront. Ich blicke nach oben und sehe die weißen Felsen. Wenn ich eine Statue der Muttergottes hätte, dann würde ich sie hier hinstellen wollen. Ich steige schnell nach oben, mein einziges Ziel ist, mich unter diesen schützenden Felsen niederzulassen. Und dann bin ich dort und es ist, als würde mich die Gottesmutter in ihren Armen halten.*

▸ Nur eine von uns hat Platz in den Armen der Großen Mutter. Als Andrea mir den Ort überlässt, lege ich meine Hand an den Felsen, lehne den Kopf an und fühle mich, als würde mich etwas halten und wärmen.

▷ *Als wir zurückkehren und durch den engen Spalt wieder hinaustreten, hebe ich meinen Blick. Es ist grell und kalt und es ist mir, als ob ich diesen Wald zum ersten Mal sähe, als ob ich überhaupt das erste Mal im*

Leben Bäume erblickte. Ein kalter Windstoß trifft mich, ich friere und fühle mich schutzlos, fast wie gerade eben geboren. Das ist so überraschend, dass ich gar nicht reagieren kann. Ich drehe mich zu Nikola um und sie sieht mich genauso erstaunt an.

▸ Mit gesenktem Kopf trete ich aus dem Spalt und in dem Moment, in dem ich mich aufrichte, durchfährt mich eine völlige Verwirrtheit. Nach einigen Sekundenbruchteilen weiß ich wieder, wo ich bin und was ich hier tue. Aber für einen Augenblick hatte ich das Gefühl, es wäre alles neu und es würde alles neu beginnen.

▷ *Die Dreifache Göttin der Kelten ist uns im Höllloch begegnet. Die Weise Alte hat uns in die Höhle hineingeführt, vorbei an ihrem schwarzen Höllenhund mit den feurigen Augen. Die liebende Mutter hat uns unter den weißen Felsen wie in einer Gebärmutter gehalten und mit Liebe gestärkt und die reine Jungfrau hat uns den goldenen Schlüssel der Schlange anvertraut und uns wieder geboren ins Leben.*

Und über allem lacht die Berggöttin Percht, sie ist die Meisterin des Übergangs und der Transformation und heute hat sie uns ihre Kraft und Stärke bewiesen.

Ritual
Reinigung und Vitalisierung am Wasserfall

Durch den Wind, die feinen Wassertropfen und die Energie des Fallens wird unser ganzer Körper gereinigt und mit Vitalität aufgeladen. Wir haben an dem durch ein Wehr gebildeten künstlichen Wasserfall eine Chakra-Reinigung durchgeführt. Chakren sind in der hinduistischen Lehre die feinstofflichen Energiezentren unseres Körpers. Es gibt sieben Hauptchakren, die als verschiedenblättrige Lotusblüten in unterschiedlichen Farben dargestellt werden. Jedes Chakra bringt seine feinstoffliche Energie in den Körper und unsere Organe ein, deshalb ist es wichtig, dass sie immer wieder miteinander verbunden und gereinigt werden.

Sprich oder höre den Text und visualisiere die Bilder:

Ich rufe die Kräfte des Wassers und der Lüfte.
Ich rufe die Erzengel Uriel und Gabriel.
Ich rufe die Naturwesen dieses Ortes.

Bringt meine sieben Hauptchakren mit eurer stärkenden Energie zum
Strahlen:

Ich bitte um die Kraft der Erde für mein Wurzelchakra,
möge es in Urvertrauen und tiefem Rot erstrahlen;
Ich bitte um die Kraft des Wassers für mein Sakralchakra,
möge es in Kreativität und leuchtendem Orange erstrahlen;
Ich bitte um die Kraft der Sonne für meinen Solarplexus,
möge er in Selbstvertrauen und feurigem Gelb erstrahlen;
Ich bitte um die Kraft der Liebe für mein Herzchakra,
möge es in Sanftmut und fruchtbarem Grün erstrahlen;
Ich bitte um die Kraft der Wahrheit für mein Kehlchakra,
möge es in Güte und Himmelblau erstrahlen;
Ich bitte um die Kraft der Vision für mein Stirnchakra,
möge es in Weisheit und nächtlichem Blau erstrahlen;
Ich bitte um die Kraft der Klarheit für mein Scheitelchakra,
möge es in Hingabe und göttlichem Violett erstrahlen.

Ich bitte darum, dass sich alle meine Chakren
miteinander verbinden und zum Wohle meines Körpers arbeiten.
Und so ist es!
Ich danke den Elementen Wasser und Luft, den Geistern des Ortes und
der göttlichen Liebe für die Unterstützung und Heilung!

Am Naturwasserfall kannst du dich mit neuer Energie aufladen. Stelle dich in oder an das Becken und lass dich beleben. Denke an nichts und genieß das Gefühl, Wasser und Wind zu spüren und das Rauschen des Wassers zu hören. Lass dich einige Minuten lang durchströmen von der Fallenergie und spüre, wie sich dein Körper auflädt.

Bedank dich danach beim Geist des Ortes und den Naturwesen und lasse eine kleine Opfergabe zurück.

Der Weg zwischen Licht und Schatten

Von der Hochfelln-Mittelstation über die Michaelsgrotte nach Maria Eck

5 h Gehzeit

15 km Länge

425 hm leicht

In der Grotte: die Lourdes-Madonna und der Erzengel Michael

Die Michaelsgrotte unterhalb des Hochfelln liegt an einem ganz besonderen Ort. Viele empfinden ihn als heilsam, wir haben eher das Gefühl, als träten wir aus dem Licht in den Schatten. Dafür empfinden wir das ganze Areal um den Wallfahrtsort Maria Eck als lichtvoll und leicht. Gemeinsam bieten die so völlig unterschiedlichen Orte eine gute Gelegenheit, sich selbst zu erforschen und seinen eigenen Gefühlen und Eingebungen zu vertrauen.

Wegbeschreibung:

Wir beginnen unsere Wanderung an der Mittelstation der Hochfelln-Seilbahn. Geradeaus gehen wir auf die Wanderwegeschilder zu und folgen denen, die zur Steinbergalm führen. Dafür nehmen wir an der ersten Kreuzung den Weg nach links am Bach entlang und dann den ersten Pfad nach rechts, der in etwa auf einer Höhe zunächst bis zur Hocherbalm und dann rechts zur Steinbergalm führt.

Dort folgen wir der kleinen Straße talwärts, bis wir in der Kurve nach einem Bach auf die ersten Verkehrsschilder treffen: „Parken verboten" und „kurvenreiche Strecke". Direkt dahinter führt ein gut sichtbarer, aber nicht markierter Pfad in den Wald hinein. Von der Straße weg halten wir uns schräg rechts leicht bergauf, überqueren zwei Bäche und erreichen bald eine geschotterte Forststraße, in die wir nach rechts einbiegen.

Dieser Weg endet bald, findet aber im rechten Winkel nach links Fortsetzung in einem steil ansteigenden Aufstieg. Noch im Wald stoßen wir auf eine Ansammlung von Felsen und dort übersteigen wir den Zaun. So erreichen wir eine Wiese, auf der Vieh weidet.

Auch hier findet sich eine Art Steinfeld, das uns den Weg hinaufweist. Die Route sollte man variieren, je nachdem wo sich die Kühe aufhalten. Der Übergang über den Elektrozaun befindet sich hinter dem Huckel an der äußersten linken Seite des Waldstücks.

Dahinter erreichen wir einen Fahrweg, dem wir nach rechts weiter bergauf folgen. Zwischen den Häusern der Strohnalm wandern wir hindurch und bleiben auf dem Forstweg, der genau auf eine steile Wand zuführt. An der Tränke an einem Bach führt der Weg weiter nach rechts unter dem Felsen entlang, gesichert auch hier durch einen Weidezaun.

So kommen wir an die Michaelsgrotte. Anschließend gehen wir weiter an der Roten Wand entlang, rechts von uns befindet sich ein Bachtal. Wo der Fahrweg eine spitze Kehre nach links beschreibt, nehmen wir den Pfad nach rechts und gehen ihn möglichst geradeaus, bis wir auf einen breiten Weg stoßen. Dort biegen wir links ab und erreichen bald wieder das Bachtal, durch das wir am Anfang bereits gewandert sind.

Nun folgen wir aber nicht den Schildern zur Steinbergalm, sondern dem Bach geradeaus Richtung Talstation. An der nächsten Kreuzung geht der Hauptweg links weiter, wir gehen aber nach rechts

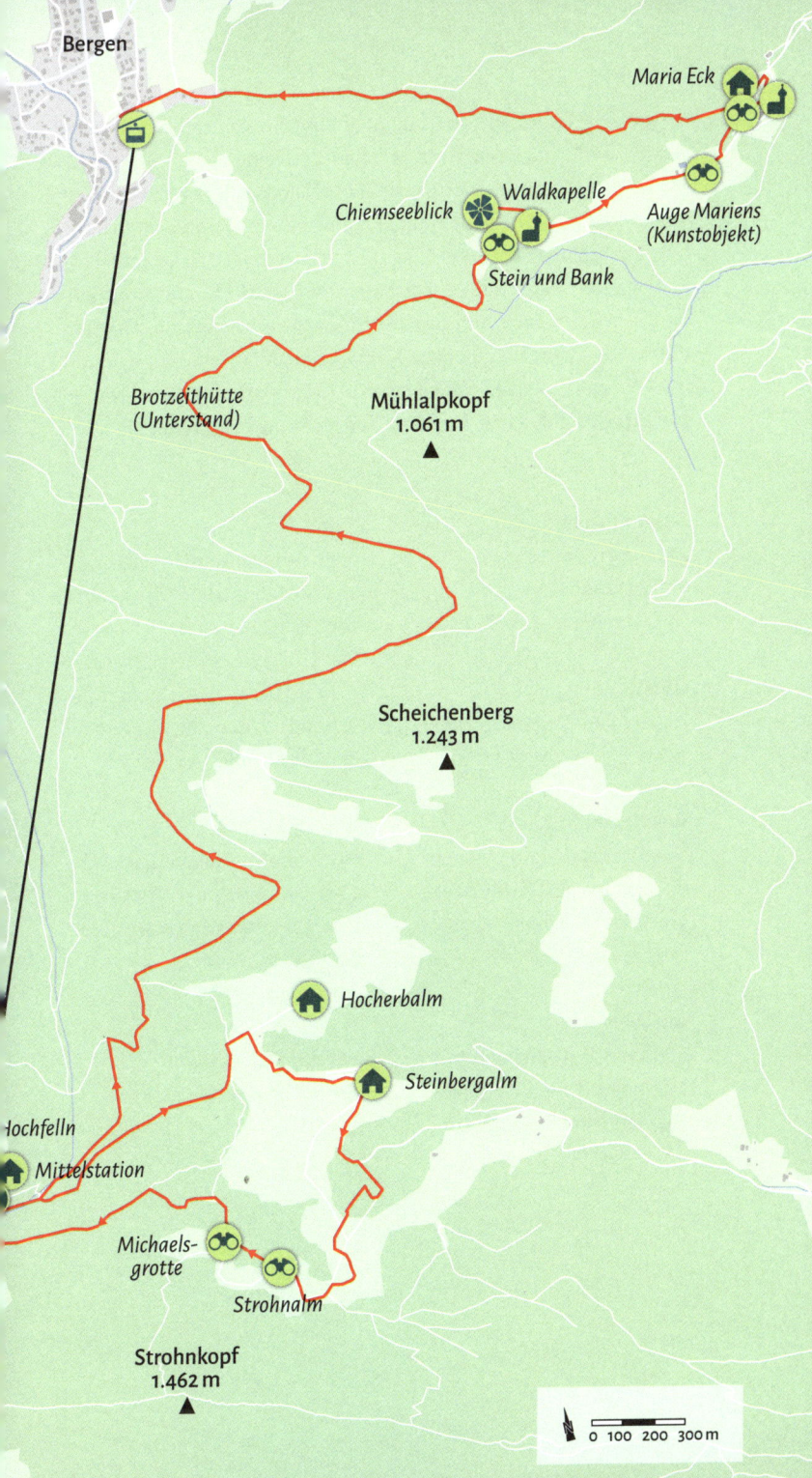

Bergen

Maria Eck

Chiemseeblick

Waldkapelle

Auge Mariens
(Kunstobjekt)

Stein und Bank

Brotzeithütte
(Unterstand)

Mühlalpkopf
1.061 m
▲

Scheichenberg
1.243 m
▲

Hocherbalm

Steinbergalm

Hochfelln

Mittelstation

Michaels-
grotte

Strohnalm

Strohnkopf
1.462 m
▲

0 100 200 300 m

bergauf. Bald weist ein Schild zur Steinbergalm. Hier gehen wir geradeaus, von nun an ist auch Maria Eck ausgeschildert.

Bevor wir Maria Eck erreichen, besuchen wir links noch die Mariengrotte und den sogenannten „Chiemgaublick". Kurz vor dem Kloster gabelt sich der Weg und wir gehen rechts, steigen dann aber nach links auf den Hügel mit der Baumreihe. Wo wir die Straße erreichen, biegen wir am Labyrinth am Kloster nach rechts ab und wandern durch den Garten hinunter zur Wallfahrtskirche.

Anschließend gehen wir links am Klostergasthof vorbei und dann gleich rechts auf dem Prozessionsweg Richtung Bergen zurück.

Ausgangspunkt in
83346 Bergen:
Mittelstation der Hochfelln-Seilbahn, Maria-Eck-Straße 8

ÖPNV:
Haltestelle „Bergen Hochfellnbahn"

Wegbeschaffenheit:
Überwiegend breite Wander- und Forstwege. Die Michaelsgrotte ist bei Schnee nicht erreichbar.

Am Weg:
Steinbergalm, Michaelsgrotte, Mariengrotte, Waldkapelle, Wallfahrtskirche Maria Eck

Tipp:
Auch wenn unsere Wanderung an der Mittelstation startet: Wer Zeit genug hat, sollte sich den Gipfel nicht entgehen lassen. Also am besten ganz hinauffahren und auf dem Rückweg an der Mittelstation aussteigen.

Einkehr:
Hocherbalm, Steinbergalm, Gastronomie an der Mittelstation, Klostergasthof Maria Eck, Mühlwinkler Hof an der Talstation

Für das Ritual:
Schreibzeug, evtl. Postkarte

▸ An der Mittelstation der Hochfelln-Seilbahn erwartet uns fröhliches Gelächter. Die
Menschenmengen, die sich von der Steinberg-

*Blick von der Mittelstation
zum Hochfelln-Gipfel*

alm herüberschieben, lassen ohnehin keinen Zweifel: Bei gutem
Wetter ist dies ein Ort der Begegnung und nicht der Bergeinsam-
keit.

Wir verlassen uns darauf, dass es hier nicht anders sein wird
als überall sonst: Die meisten Menschen folgen den anderen –
und hinter der nächsten Biegung wartet die Stille. Bis zur Steinbergalm schwimmen wir also gegen den Strom der Spaziergän-
ger, die bis dort hinauf mit dem Auto gefahren sind.

Der auf den Karten verzeichnete Weg zur Michaelsgrotte
führt uns zunächst in eine Sackgasse, aber der Wirt der Steinbergalm nimmt sich trotz all der Arbeit die Zeit, um mit uns hinauszugehen und uns die Route über den gegenüberliegenden
Hang zu erklären.

▷ *Wir wandern durch den Wald hinauf und es wird immer mystischer.
Da sind Findlinge, die sich aus dem Waldboden erheben – Fichten und
Steine in harmonischer Übereinkunft. Und dann treten wir hinaus auf
die Weide und auch hier liegen die Findlinge und gehen Symbiosen mit
den Laubbäumen ein: Ein wunderschöner Ahornbaum wächst in der
Mitte der Wiese, ein kleinerer zwischen zwei großen Steinen, ein Vogel-*

beerbaum auf einem Findling. Ich bleibe wie gebannt stehen und genieße den Ausblick auf die Baum-Stein-Formationen. Wie Kunstwerke erscheinen sie mir – von der Meisterin Natur geformt und koloriert. Es ist bezaubernd anzusehen.

▸ Auf dem Feldweg zur Strohnalm bleiben wir zunächst stehen und drehen uns um: Welch wunderschöne Aussicht über Ruhpolding und dahinter über Inzell auf den Hochstaufen! Im Hintergrund sind die Berge des Salzkammerguts zu sehen. Aber der Blick muss gar nicht in die Ferne schweifen: Die sanft gewellten grünen Almwiesen, die saftig grünen Weiden in der Herbstsonne – der idyllische Ort beglückt uns. Fröhlich und leichten Herzens wandern wir weiter zur Strohnalm.

Die Michaelsgrotte liegt unter einem großen Felsvorsprung.

Andrea bleibt zurück und ich gehe schon einmal vor durch den Weidezaun. Die Veränderung ist unmittelbar. Ich bin auf der anderen Seite – nicht nur des Zauns, sondern wirklich. Nein, diesen Weg gehe ich nicht allein weiter, entscheide ich. Ist mir egal, wenn ich wie ein Angsthase wirke.

Links: Uriges Häuschen am Kloster Maria Eck
Rechts: Die Eberesche auf dem Findling

▷ *Ich bleibe noch auf der Wiese und bewundere die Heilkräuter, den Frauenmantel und die Teufelskralle und erfrische mich an einer kleinen Quelle. Dann trete ich ein in den Wald unterhalb des Felsens, in dem sich die Grotte befindet. Nikola kommt mir entgegen: „Ich habe ein mulmiges Gefühl", sagt sie. „Ich möchte nicht allein dorthin."*

Als wir zusammen weitergehen, spüre auch ich eine düstere Energie. In der Grotte steht eine Statue des Erzengels Michael. Er wird meistens mit einem Schwert dargestellt, mit dem er einen Drachen oder eine Schlange tötet. Hier trägt er eine Soldatenuniform und mit seinem Speer ersticht er den Satan in Menschengestalt. Bei den Kelten galten Drachen, Lindwürmer und Schlangen als magische Wesen, die mit ihrer Kraft und Stärke den Menschen hilfreich zur Seite stehen. Sie waren die Begleiterinnen und Begleiter der Großen Göttin. Später wurden sie dämonisiert und in die Unterwelt verbannt, weshalb wir davon ausgehen können, dass dort, wo Kraftplätze dem Erzengel Michael geweiht sind, ursprünglich alte Kulte und Riten gefeiert wurden.

Kurz vor Maria Eck steht die Waldkapelle.

Im Volksglauben begleitet der Engel mit dem Feuerschwert und der Waage auch die Verstorbenen ins Jenseits. Er wiegt die Seelen und hütet die Aufzeichnungen über das Leben der Menschen. Er kann also mit der Göttin Hel, der Percht, der Richterin zwischen Leben und Tod, gleichgesetzt werden. Sind wir also wieder an einem Ort der Berggöttin?

‣ Dass diese Grotte erst zu Beginn des vergangenen Jahrhunderts entdeckt worden sein soll, ist jedenfalls nicht sehr glaubwürdig. Auch wenn ich mich hier auf eine eigenartige Weise bedrängt fühle, besonders ist der Platz allemal. Dass Menschen hierherkommen, um Trost und Hoffnung zu finden, beweisen die Votivkerzen vor der Lourdes-Madonna und die kleinen Holzkreuze, die an Verstorbene erinnern.

Vielleicht waren Andrea und ich an diesem hellen und sonnigen Tag einfach nicht bereit für eine Begegnung mit der Göttin der Unterwelt. Wir fühlen uns erleichtert, als wir oberhalb der Grotte wieder aus dem Wald und ins Licht treten.

Nun pilgern wir: Der Weg hinunter nach Maria Eck ist moderat und wir werden nicht abgelenkt und können so unseren Gedanken nachhängen.

An einer Schutzhütte am Weg verändert sich die Atmosphäre des Waldes. Hat sie bisher unseren Schritt beschleunigt und uns unser Pilgerziel klar vor Augen geführt, fühlt es sich nun an, als wären wir bereits da. Unwillkürlich verlangsamt sich unser Tempo und wir treten gemächlich auf die Lichtung hinaus. Am Ende des lang gezogenen Bergrückens, des Eggs, liegt der Wallfahrtsort Maria Eck und tatsächlich ist seine freundliche Energie schon hier spürbar. Ein Rosenbusch weckt unsere Aufmerksamkeit und wir folgen dem Schild zur Mariengrotte und zur Waldkapelle.

Der Blick geht hinüber bis zum Hochstaufen.

Über die Wallfahrtskirche Maria Eck geht der Blick weit ins Voralpenland

▷ *Die kleine Holzblock-Kapelle ist lieblich und der Platz im Wald leicht und unbeschwert. Ich gehe hinein und sehe ein Bild, das die Geburt Jesu zeigt. Der heilige Franziskus hebt das Jesuskind nach oben unter den Strahl des Sterns. Tiere und Menschen sehen dabei zu, es ist eine harmonische Szenerie und ich bleibe lange davor stehen. Ein Teil meiner Bedrücktheit, die mich seit der Michaelsgrotte begleitet hat, wird geheilt von dieser naiven, bunten Darstellung der Geburt Christi. Ich trete aus der Kapelle in den lichtvollen Wald und gehe zur Mariengrotte, um eine Kerze anzuzünden.*

▸ Noch bevor wir das Kloster erreichen, steht rechts neben dem Weg eine außergewöhnliche Mariendarstellung. Der Künstler Walter Angerer der Jüngere behauptet, dass ihm mit diesem Werk die erste wirkliche Marienerscheinung gelungen sei: Und tatsächlich – wenn man lange genug gegen das Licht auf die stählerne Madonna schaut, kann man anschließend ihre Umrisse deutlich erkennen, selbst wenn man die Augen schließt.

▷ *Das Gefühl, Hilfe und Beistand in der Natur zu finden, kenne ich seit meiner Kindheit und so freue ich mich, in der Mitte des Labyrinths im*

Klostergarten einer Statue des heiligen Franziskus zu begegnen. Er hat in seiner Hinwendung zur Natur die Größe und Liebe Gottes erfahren. Und hier in diesem Franziskanerkloster, dem höchstgelegenen Wallfahrtsort Deutschlands, ist die Kombination aus Natur, Glaube und Einkehr tief zu spüren. Sehr engagiert und mit viel Feingefühl sind verschiedene Kraftorte angelegt worden. Wir wandern von einem zum anderen, lassen uns inspirieren und führen.

▸ Die Benediktiner des Klosters Seeon hatten die Almen auf den Ausläufern des Hochfelln Anfang des 17. Jahrhunderts erworben und 1626 die erste Kapelle gebaut, über einer Quelle, die als heilwirksam galt. Der Abt brachte aus Seeon ein Marienbild für die neue Kirche mit, eine Kopie der Madonna aus der römischen Kirche Santa Maria Maggiore.

Dieses Bild wurde von den Menschen sofort verehrt und seitdem wurde die Wallfahrt nie unterbrochen. Und das obwohl die Kirche 1804 nach der Säkularisation und der Aufhebung des Klosters in Seeon geschlossen, ausgeräumt und teilweise zerstört wurde und das Gnadenbild nach Siegsdorf verbracht. Doch die Wallfahrer kamen weiterhin und beteten eben vor der Kirche. Auf ihr Drängen kam das Bild schließlich zurück nach Maria Eck. Heute leben in dem Kloster Franziskaner. Dass die Menschen so um diesen Ort und ihre Maria gerungen haben, imponiert mir sehr. Und so wirkt er auch: als ein Ort für die Menschen, ein Ort der Begegnung, mit sich selbst, miteinander, mit der Natur und mit der Gottesmutter. Ein Ort des Lichts.

▷ *Unter mächtigen Buchen steht ein Kreuz: „Liebe, Hoffnung, Glaube und Friede" steht darauf. Und die Buche, die Königin des weißen Lichts, verbindet diesen Ort mit dem Himmel. Ich setze mich auf einen der zwölf Holzsitze und lasse mich heilen und stärken von den Bäumen, dem blauen Himmel und den Sonnenstrahlen, die mich wärmen.*

▸ Natürlich besuchen wir auch noch die Wallfahrtskirche und gehen zum Gnadenbild. Anders als auf dem römischen Original weist die freie Hand Mariens nicht auf das Jesuskind in ihrem Arm, sondern auf die Menschen, die unter ihr knien. Eine liebevolle Geste, die alle einschließt, die sich ihr nähern.

Ritual
Dankbarkeit

Heute geht es darum, dich in Dankbarkeit zu üben. Kaufe dir eine Postkarte auf dem Weg zur Wallfahrtskirche Maria Eck oder nimm eine Postkarte mit. An der Waldkapelle vor dem Kloster kannst du dich in die Geborgenheit der Bäume zurückziehen und dich in das kleine, stimmige Gotteshaus setzen. Lass die Natur und die Holzkapelle auf dich wirken. Überlege dir, welchem Menschen du heute besonders danken möchtest. Dankbarkeit ist ein Schlüssel zum Glück und zur Zufriedenheit und diesen Schlüssel bekommst du heute hier in diesem Wald in die Hand gedrückt.

Nimm die Postkarte und schreibe auf, wofür du deinem lieben Menschen dankbar bist. Wie du es formulierst, bleibt dir überlassen. Solltest du verschiedenen Menschen danken wollen, kannst du auch mehrere Postkarten schreiben. Natürlich eignen sich auch andere Orte rund um das Klostergebäude dafür, deine Dankbarkeit zu zelebrieren.

Wenn du möchtest, kannst du ein kurzes Gebet sprechen, um dem Universum und Gott zu danken. Gebete sind Schlüssel zu einem vertrauensvollen Leben. Es gibt viele wunderbare Orte im Klostergarten, suche dir deinen Lieblingsplatz für dein Ritual. Die Postkarte(n) kannst du im Anschluss an die Wanderung an die Menschen senden. Du wirst spüren, wie viel Freude du damit machst, und diese Freude wird zu dir zurückkehren. Wenn du möchtest, zünde auch eine Kerze an: bei der Mariengrotte, in der Antoniuskapelle oder in der Wallfahrtskirche Maria Eck.

Links: Marienskulptur des Künstlers Angerer der Jüngere
Rechts: Eine Kiste mit Worten am Kloster Maria Eck

Der Weg der eigenen Erfahrungen

Von Birnbach über die Stoibenmöseralm zum Taubensee

5 h Gehzeit

12,0 km Länge

749 hm **mittel**

Auf dem Weg um den Taubensee

Bei einer unserer Wanderungen haben wir einem Mann von unseren Büchern erzählt, woraufhin er uns den Taubensee ans Herz gelegt hat. Wir haben recherchiert, haben Flurnamen, Legenden oder Ähnliches gesucht, etwas, was seine Einschätzung untermauert. Und obwohl wir nichts gefunden haben — außer, dass er nicht der Einzige ist, der diesen Ort liebt — wollten wir seinem Gefühl vertrauen. Diese Wanderung führt also nicht zu historischen Stätten, zu nachweisbaren alten Kultplätzen. Auf dieser Wanderung konzentrieren wir uns auf unsere Erfahrung der Natur und auf die Frage, was sie für uns bereithält, was uns Kraft gibt. Und wir werden reich beschenkt!

Wegbeschreibung:

Die kleine Straße führt hinauf zur Hutzenalm. Hinter der Alm erreichen wir ein kleines Plateau, von dem zwei Wege abzweigen, die beide zur Stoibenmöseralm führen. Wir nehmen den rot gekennzeichneten Weg über den Zauntritt nach rechts. Nach einem weiteren Überstieg gehen wir den Schildern folgend geradeaus über eine Wiese in den Wald und treffen bald wieder auf den schwarzen Weg zur Stoibenmöseralm. Wir bleiben aber auch hier dem roten Weg treu. An der Alm vorbei gehen wir weiter bergauf und dort, wo der Weg an seiner höchsten Stelle einen Bogen nach links beschreibt, befindet sich links eine Anhöhe, von der aus man eine beeindruckende Rundumsicht hat.

Im Anschluss gehen wir weiter und an der Hütte geradeaus Richtung Taubensee. Zunächst erreichen wir das Sonnwendköpfl, bevor wir zum See hinabsteigen. Am nördlichen Ufer befindet sich ein Pfad, auf dem wir einen Ausflug zum hinteren Ende des Sees machen. Danach gehen wir von dem kleinen Wiesenplatz mit den Holzstegen weiter zur Taubenseehütte.

Lärchenbäume mit Ausblick Richtung Großglockner

Rauhe Nadel
1.345 m
▲

Chiemseeblick

Wegweiserstein

Sonnwendköpfl
1.278 m

Aussichts-
plateau

Stoibenmöseralm

Taubensee

nseehütte

Frankenalm

Embacheralm

Hutzenalm

Möserberg
1.048 m
▲

Birnbach

0   200   400   600 m

Den Fahrweg wandern wir von der Hütte aus hinunter, bis wir auf ein Gebäude zugehen. Vor diesem wenden wir uns nach links, die Schilder weisen hier wieder zur Stoibenmöseralm und zur Frankenalm. Knapp 150 Meter weiter nehmen wir den schmalen Pfad, der von dem breiten Fahrweg nach rechts abgeht und Richtung Frankenalm ausgeschildert ist. An dieser Alm vorbei erreichen wir wieder einen geschotterten Weg und bald an einer Kreuzung ein Schild „Willkommen auf der Rinderbrachalm". Hier gehen wir über das Viehgitter geradeaus und dann links weg vom Hauptweg, der hier eine scharfe Rechtskurve beschreibt.

So erreichen wir die Ochsenalm. Davor befinden sich kleine Tümpel und rote Findlinge auf der Wiese und an der Bank weisen die Schilder nach links Richtung Hutzenalm. An der Embacheralm führt der Weg links am Grundstück vorbei und geradeaus weiter. Durch das Erdtal erreichen wir eine Fahrspur und biegen rechts ab Richtung Hutzenalm. Von dort aus nehmen wir den gleichen Weg wie zu Beginn und steigen zum Parkplatz ab.

**Ausgangspunkt in
83242 Reit im Winkl:**
Parkplatz an der Birnbacher
Straße 42

ÖPNV:
Keine Busverbindung bis
Birnbach. Von der Haltestelle
„Festhalle" zu starten bedeutet
eine Verlängerung um
2 Kilometer pro Strecke.

Wegbeschaffenheit:
Überwiegend gute Wanderwege
und Forstwege, bis zur Hutzenalm asphaltiert. Vom Sonnwendköpfl zum Taubensee kann
es sehr rutschig sein. Im Winter
sind die Wege nicht präpariert.

Am Weg:
Hutzenalm, Naturwaldreservat
Vogelspitze, Stoibenmöseralm,
Aussichtspanorama, Sonnwendköpfl, Taubensee, Taubenseehütte

Einkehr:
Hutzenalm, Stoibenmöseralm,
Taubenseehütte

Tipp:
Der relativ warme Taubensee
eignet sich gut für ein Bad.

Hinweis:
Der Parkplatz ist sehr klein,
also früh genug starten.

▸ Von Birnbach aus geht es steil bergauf. Bis zur ersten Alm, der Hutzenalm, führt ein Asphaltsträßchen und es sind viele Wanderer unterwegs. Ein Mann trägt ein kleines Radio bei sich – inmitten der Bergwelt hört er Schlagermusik. Im ersten Moment denke ich reflexhaft, dass er wahrscheinlich die Stille der Bergwelt nicht aushält, und fühle mich von den Klängen gestört. Aber vielleicht gibt ihm die Musik die Kraft, den Anstieg zu bewältigen. „Großglockner-Blick" steht auf einem kleinen Schild und als ich mich umdrehe, sehe ich den Gipfel des höchsten Bergs Österreichs in weiter Ferne. Wenn das die Aussicht ist, die uns oben erwartet, dann gibt mir das auf jeden Fall Kraft!

Die Aussicht ist phänomenal.

**Blick über die
Stoibenmöser Alm**

▷ Wir machen eine kurze Rast. Nach dem steilen Stück kommt es mir gerade recht, dass Nikola etwas in ihrem Rucksack kramen muss, und ich mich kurz in den Wald zurückziehen kann. Und sofort kommt es mir so vor, als würde ich hinter jedem Baum ein Wesen sehen. Dort eine rote Zipfelmütze und da eine kleine Elfe mit flirrenden Flügeln über einer Blume. Die Fantasie geht gerne mit mir durch, mein inneres Kind freut sich und wir lachen gemeinsam über die wunderbaren Naturwesen.

Geschichten, Märchen, Sagen, Legenden tragen mich schon seit meiner Kindheit. Sie stärken mich und geben mir Kraft. Ohne sie könnte ich mir ein Leben nicht vorstellen. Und am schönsten ist es, die Märchen selbst zu erleben, egal ob im Kopf oder in der Realität, draußen in der Natur, zwischen den Bäumen, den Bergen und Wiesen. Und so trete ich wieder auf den Wanderweg zurück und lache Nikola freudig und gestärkt zu.

▸ Fast 500 Höhenmeter müssen wir überwinden, bis wir am Rand des Naturwaldreservats Vogelspitz auf die Stoibenmöseralm stoßen. Mit Blick hinunter auf den Chiemsee nähern wir uns der bewirtschafteten Hütte, die in einer windgeschützten Mulde liegt. Davor sitzen viele Menschen in der Sonne. Auch wir haben uns eine Pause verdient, aber uns zieht es noch ein Stückchen den Berg hinauf – wo wir doch fast die höchste Stelle unserer Wanderung erreicht haben.

▷ *Ich blicke zum Chiemsee hinunter, aus der Ferne leuchtet er uns entgegen. Die Wiesen saftig grün, der Himmel blau und strahlend durchzogen von den Föhnwolken. Ich blicke nach oben und sehe einen Engel über mir erstrahlen: eine besondere Wolkenformation über einem Berg in der Ferne. Wie schön – Engel geben mir Kraft und dieser winkt mir vom Himmel aus zu.*

▸ Als wir oberhalb neben dem Weg einen einzelnen großen Stein sehen, der anders als die anderen nicht zu liegen, sondern zu stehen scheint, fühle ich mich elektrisiert. Für mich ist dieser Stein so etwas wie ein Wegweiser, der genau hier auf mich wartet und mich auffordert, an dieser Stelle nicht vorbeizugehen. Ich kann Andrea ansehen, dass sie es genauso empfindet. Und so steigen wir auf die kleine Anhöhe und ich habe nur noch einen einzigen Wunsch: Hier möchte ich bleiben, am liebsten für immer …

▷ *Der Rundumblick in die Bergwelt fasziniert mich, überwältigt schließe ich meine Augen:*
Ich sehe eine Druidin, sie blickt in den Sternenhimmel, sie weiß Bescheid über den Lauf der Sterne und errechnet daraus den Kalender für ihren Clan. Sie ist es, die Anweisungen gibt für den Anbau und die Ernte der Pflanzen. Sie beobachtet das Wetter und den Sonnenstand, sie weiß um die Geheimnisse des Mondes und seinen Einfluss auf Menschen, Tiere und Pflanzen. Sie entzündet ein Ritualfeuer und bittet um eine gute Ernte und um Gesundheit für Mensch und Tier. Ihre Sippe versammelt sich, es wird getanzt, gelacht, gegessen und getrunken. Der Sommer ist noch jung und die Menschen ausgelassen und fröhlich. Ihre Stimmen klingen in die Nacht und über die Berge bis in den Himmel.
Ich öffne meine Augen. Ich stehe noch immer auf dieser magischen grünen Almwiese, betrachte die Berge und instinktiv falte ich meine Hände vor der Brust und danke dem Universum für die Schönheit und die Magie der Natur.

▸ Ich suche mir einen Stein, auf den ich mich setze, und kann mich nicht sattsehen an der fantastischen Aussicht: Nach Osten, Süden und Westen habe ich freie Sicht auf die Berge. Ich versuche, ihnen ihre Namen zu geben – Watzmann, Großglockner, Großvenediger, Zillertaler Alpen, Wilder Kaiser, Zugspitze – ich genieße ihren Anblick, ihre unglaubliche Schönheit und würde mich am liebsten nie wieder von der Stelle bewegen.

▷ *Die Steine auf der Wiese sind wie Heilsteine, sie bieten mir ihren Schutz an und ich setze mich in eine Mulde und packe meine Brotzeit aus. Nikola bewundert noch die Aussicht und ich bin hier in diesem gemütlichen Nest gelandet, um mich zu stärken und vor dem Föhnwind zu schützen. Eine Biene landet auf meiner Tasche und läuft aufgeregt darauf herum, hat aber keine Lust, wieder wegzufliegen. Ich lasse sie gewähren. Sie wird mich ein Stück des Weges begleiten, bis sie bereit ist weiterzuziehen.*

▸ Auch wenn es mir nicht leichtfällt, gehen wir dann natürlich doch weiter. Unser Weg zum Taubensee führt über das Sonnwendköpfl. Auch von hier aus bietet sich eine traumhafte Aussicht, aber für mich ist trotzdem alles anders: Hat mich eben auf der Anhöhe zwischen den Steinen noch tiefe Ruhe und Zufriedenheit erfüllt, packt mich nun die Abenteuerlust und das Fernweh. Wenn ich von dem bayerisch-tirolerischen Grenzstein ins Tal und auf

Grenzstein am
Sonnwendköpfl

die dahinter liegenden Berge schaue, dann ergreift mich die Sehnsucht. Könnte ich doch fliegen und mir das alles von oben ansehen ...

Fliegenpilz im Moos

Die beiden Orte zeigen mir in ihrer unterschiedlichen Wirkung auf mich und meine Gefühle, dass die Umgebung mit mir kommuniziert. Sie machen erfahrbar, dass die Natur nicht nur ein Spiegel meiner Wünsche ist, ein Resonanzraum für das, was ich sowieso schon will und weiß, sondern auch dass sie mit ihren Energien einfach da ist. Und ich darf mich darin bewegen und mich selbst immer besser erkennen.

▷ *Hinter einem Stein sehe ich etwas Rotes hervorblitzen – ich schaue genauer hin und entdecke mehrere kleine Fliegenpilze. Sie sehen mit ihren roten Kappen und den weißen Punkten aus wie aus einem Märchenbuch. Schon als Kind habe ich sie geliebt und mich gefreut, wenn ich sie im Wald gefunden habe – nicht nur weil sie hübsch sind, sondern weil in ihrer Nähe oft Steinpilze wachsen. Die Hexen und Heilerinnen wussten, wie viel von diesem giftigen Pilz sie zu sich nehmen mussten, um sich in Trance zu versetzen. Viele toxische Pflanzen waren früher auch Heilpflanzen, das Wissen um die richtige Dosierung ist uns aber verloren gegangen. Manches alte Heilwissen kommt heute wieder zurück, aber vieles ist für immer verschwunden.*

Ein älteres Ehepaar sitzt auf der Bank am See. Auch wir bleiben stehen und da sehe ich zwei große Hunde auf uns zulaufen, dahinter folgen eine Frau und ein Mann. Ich muss zweimal hinschauen, aber tatsächlich:

61

Ein Findling liegt vor dem Taubensee.

Der Mann hat eine Katze auf der Schulter. Er erzählt uns, dass er sie gerade wieder hochgenommen hat, weil sie sonst im Wald herumstreunt und sie so niemals weiterkommen. Sie verabschieden sich und ich sage laut zu Nikola: „Da bin ich aber froh, dass wir unsere Maus sicher im Rucksack haben." Sie stimmt mir mit ernstem Gesicht zu und das Ehepaar auf der Bank starrt uns mit offenen Mündern an. Sie tuscheln aufgeregt und wir gehen vergnügt weiter, unsere imaginäre Maus gut geschützt im Rucksack.

▸ Der Taubensee, der zur Hälfte zu Deutschland und zur Hälfte zu Österreich gehört, liegt still vor uns. Wir wandern, so weit wir können, an seinem Ufer entlang, aber obwohl der kleine Pfad sich märchenhaft zwischen bemoosten Steinen hindurchschlängelt und der grüne See sehr schön gelegen ist: ein Ort, der die Seele im Innersten berührt, ist er für mich nicht.

▷ *Seine wahre Energie ruht in der Mitte, denke ich und schließe meine Augen:*

Ich sehe eine strahlend weiße Frau in einer Barke. Sie hält eine riesige leuchtende Perle in ihren Händen. Ein wertvoller Schatz, den sie in der Mitte des Sees versenken wird. Sie ist die Mondgöttin und eine ihrer

Tränen schenkt sie in dieser Vollmondnacht dem Taubensee. Kaltes Licht strömt aus dem Wasser, dort, wo die Perle langsam nach unten sinkt. Die Göttin streckt die Arme nach oben und schon erhebt sie sich in einem drehend-magischen Wirbel in den Nachthimmel. Der Taubensee liegt still und ruhig.

Von nun an strahlt zu jedem Vollmond ein magisches, silbernes Licht aus der dunklen Mitte des Sees. Wer seine wahre Liebe sucht, kommt in so einer Nacht an den Taubensee und bittet die Mondgöttin und das magische Licht um Hilfe. Sie werden den Liebenden den Weg leuchten und sie auf diese Weise zusammenführen.

Ich öffne meine Augen und fühle mich gestärkt von der Vision der Mondgöttin.

▸ Wenn ich mich richtig erinnere, hat der Mann, von dem wir den Tipp haben, gesagt: „Oben an der Taubenseehütte sitzen und die Aussicht genießen!" Daran denke ich wieder, als wir die Hütte erreichen. Und so kehren wir ein und setzen uns dem Panorama gegenüber in den Gastgarten. Der junge Wirt zeigt uns die Berge und nennt sie bei ihren Namen, so liebevoll und stolz, als wären es seine Kinder. Und wir sitzen da und schauen.

Von der Terrasse der Taubenseehütte schaut man ins Kössener Tal.

▷ *Der Weg an den Grenzen Bayerns und Tirols war für mich auch ein Weg zwischen Realität und Fantasie. Die Fäden haben sich zu unterschiedlichen Mustern verwoben und haben mich von einem Kraftort zum anderen und von einer Geschichte in die nächste getragen.*

▸ Auf dem Weg nach unten erzählen wir uns von unseren Erfahrungen. Wir sind den ganzen Tag nebeneinander gewandert, haben dieselben Berge, Tiere und Pflanzen gesehen – und doch ist es so, als wären wir in anderen Universen unterwegs gewesen. Aber eins haben wir doch gemeinsam: Wir gehen nicht nur gestärkt zurück, sondern auch sehr dankbar und reich beschenkt.

Anregung
Wo findest du Kraft?

Wir haben in diesem Text beschrieben, was uns Kraft gibt und was uns vorantreibt. Es ist jetzt an dir, für dich herauszufinden, was dich belebt und dir Energie und Freude spendet. Dieser Weg zum Taubensee kann dich inspirieren, darüber nachzudenken, was dir in deinem Leben Sinn, Mut und Stärke gibt. Es gibt etwas, das ist sicher, du musst es nur finden und für dich erkennen. Oft hilft es, dich zu erinnern, was dir in der Kindheit besonders viel Spaß gemacht hat. Wenn du weißt, was dich belebt und inspiriert, dann kannst du daraus immer wieder Kraft schöpfen. Diese Erkenntnis kann dir niemand nehmen!

Taubensee-Impression

Der Weg der weiblichen Dreiheit

Von Schleching-Ettenhausen nach Maria Klobenstein und zur Streichenkirche

5 h Gehzeit
13,3 km Länge
872 hm leicht

Über der Quellkapelle und dem Klobenstein thront die Wallfahrtskirche.

Schon in der Bronzezeit wurden die Wege beiderseits der Tiroler Achen als Handelsweg benutzt. Und an ihrer engsten Stelle, dort wo sich der Fluss mit Urgewalt durch die Schlucht zwängt, befindet sich, vermutlich auch aus vorchristlichen Zeiten, ein Heiligtum, der heutige Marienwallfahrtsort am Klobenstein. Eine weiße, eine rote und eine schwarze Madonna werden dort verehrt und wir finden diese drei – die Jungfrau, die Mutter und die Weise – nicht nur in der Kirche, sondern auch auf unserer Wanderung in der Natur.

Wegbeschreibung:

Vom Parkplatz der ehemaligen Geigelsteinbahn aus ist der Schmugglerweg Richtung Klobenstein ausgeschildert. Nach der Ettenhauser Au gabelt sich der Pfad und wir verlassen den Schmugglerweg für eine kleine Extra-Runde um den Rudersburger See. Wir umrunden den See links herum und machen auf halber Strecke einen Abstecher zum Wasserfall.

Sobald wir nach der Runde wieder den breiten Weg erreichen, wenden wir uns nach links und kommen so zurück auf den Schmugglerweg, der uns bis zur Wallfahrtskirche Maria Klobenstein führt.

Dort gehen wir vom Eingang der Kirche rechts zur Straße hinauf und folgen dieser, bis im spitzen Winkel ein Weg nach links bergauf abzweigt: der Samerweg Richtung Streichen.

Auf der Höhe überqueren wir die Grenze zurück nach Bayern und wandern auf einem schmalen Pfad bergab, bis wir auf einen Forstweg treffen, in den wir nach rechts abbiegen. Wir folgen weiter den Samerweg-Schildern zum Streichen, nehmen auch die ausgeschilderte Abkürzung unterhalb des großen Felsens und erreichen die Streichenkirche.

Ettenhauser Auen

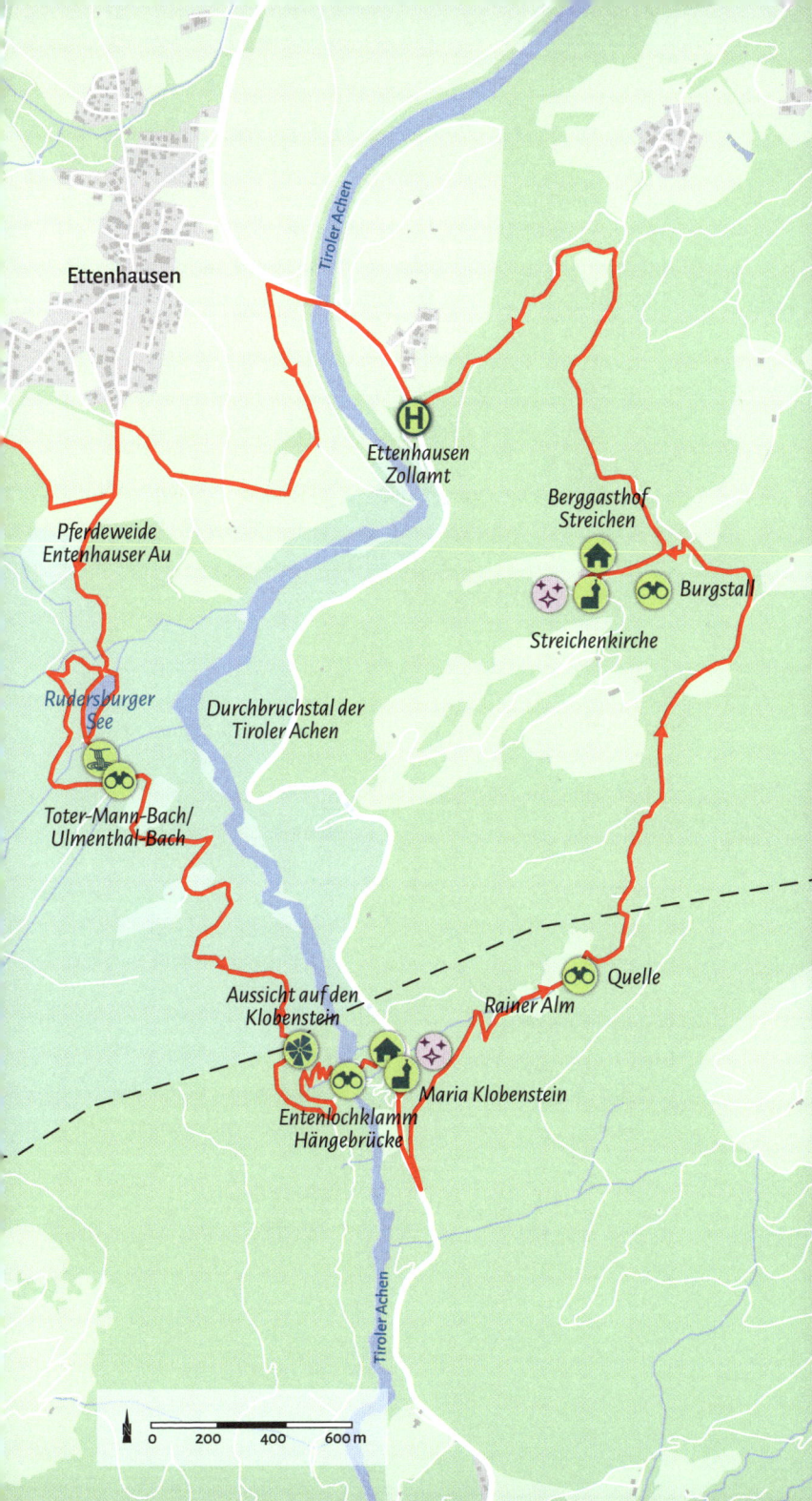

Ettenhausen

Tiroler Achen

Ettenhausen
Zollamt

Berggasthof
Streichen

Burgstall

Streichenkirche

Pferdeweide
Entenhauser Au

Rudersburger
See

Durchbruchstal der
Tiroler Achen

Toter-Mann-Bach/
Ulmenthal-Bach

Quelle

Aussicht auf den
Klobenstein

Rainer Alm

Entenlochklamm
Hängebrücke

Maria Klobenstein

Tiroler Achen

0   200   400   600 m

Nach deren Besuch wenden wir uns auf der Fahrstraße an dem großen Felsen nach links. Hinter zwei Parkplätzen stoßen wir wieder auf ein Schild, das nach links eine Abkürzung ausweist. Dort nehmen wir den schmalen Weg hinter der Wiese im Wald bergab.

Unten erreichen wir die asphaltierte Straße, die uns bis zur Hauptstraße führt. Dort biegen wir nach rechts ab und hinter der Brücke nach links auf den Damm der Achen.

Nach dem Kilometerschild „21,8" besteht die Möglichkeit, nach rechts vom Damm hinunter und über die Wiese auf die drei Holzhütten zuzugehen. Dort geht es geradeaus weiter bis zu einer T-Kreuzung, an der wir rechts Richtung Parkplatz abbiegen.

An der nächsten Kreuzung weist geradeaus ein Schild Richtung Parkplatz, wir gehen hier aber noch einmal links. An der nächsten Abzweigung nach rechts schließt sich unsere Runde und wir gehen zurück zum Ausgangspunkt.

**Ausgangspunkt in
83259 Schleching-Ettenhausen:**
Parkplatz der ehemaligen
Geigelsteinbahn, Geigelsteinstraße

ÖPNV:
Bushaltestelle „Ettenhausen
Zollamt"

Wegbeschaffenheit:
Überwiegend gute Wanderwege
und Forstwege. Bei Schnee nicht
präpariert.

Am Weg:
Pferdeweide Ettenhauser Au,
Rudersburger See, Wasserfall,
Entenlochklamm, Hängebrücke,
Wallfahrtskirche Maria
Klobenstein, Streichenkirche

Einkehr:
Gasthaus Klobenstein, Berggasthof Streichen

Tipp:
Behälter zum Abfüllen des
Heilwassers mitnehmen

Für das Ritual:
Schreibzeug

▷ Der Ausblick auf die umliegenden Berge und die   Am Rudersburger See
sanften grünen Weiden stimmt uns freudig und erwartungsvoll. Wir gehen vorbei an den Pferdeweiden der Ettenhauser Au,
die wegen ihres Pflanzen- und Tierreichtums bekannt ist. Schleching war
immer schon ein Pferdedorf: Die Samer, die ihre Waren über die Alpen
transportierten, brauchte die stämmigen und robusten Haflinger-Pfer-
de. Auch unsere Wanderung folgt den historischen Samerwegen.

Der Wald ist einladend und erwartungsvoll biegen wir ab zum Rudersburger See. Jungfräulich und still liegt er im Wald und wir erfreuen
uns an den Spiegelungen der herbstlich verfärbten Bäume und Berge.

Dahinter liegt ein Wasserfall, umgeben von Felsen ist es hier schattig
und feucht. Ich klettere über eine hohe Wurzel und einige Steine hinunter. Ich bin mir sicher, dass ich nicht ausrutschen werde, und gehe weiter
zum Becken. Trotz des Schattens fühle ich den Ort lichtvoll und rein.

69

▸ Neugierig schaue ich Andrea nach, die über die nassen Steine hinüber zum Wasserfall springt. Es scheint nicht schwierig zu sein. Eine Weile stehe ich einfach da und ringe mit mir: Ein Teil von mir möchte auch dorthin, aber ein anderer Teil hält mich zurück. Ich wundere mich über mich selbst, höre aber auf mein Bauchgefühl.

▷ *So nah wie möglich stelle ich mich an das fallende Nass, schließe meine Augen und fühle mich erfüllt von der erfrischenden Reinheit. Mit diesem Gefühl klettere ich über die Wurzeln wieder hinauf. Oben stehen zwei junge Frauen und schauen mich fragend an. „Es ist besonders dort, ihr müsst unbedingt hingehen", ermutige ich sie und überlasse ihnen den magischen Ort zwischen Licht und Schatten.*

▸ Wieder auf dem Schmugglerweg, wie der Samerweg hier inzwischen genannt wird, erreichen wir nun über dem kleinen Wasserfall, an dem Andrea eben noch war, eine Brücke. Auf einer Tafel steht, dass der Flurname „Toter-Mann" lautet, und so wird heute auch der Bach genannt. Allerdings ist auf alten Karten zu erkennen, dass er noch in der Mitte des vergangenen Jahrhunderts Ulmenthal-Bach geheißen hat, und wir fragen uns, wie es zu dieser Umbenennung gekommen sein mag. Es gibt mythologische Erzählungen, in denen die Frau durch göttliche Einhauchung aus dem

Die Hängebrücke über die Achen

Stamm einer ans Meeresufer gespülten Ulme
entsteht. Und so begegnet uns in diesem alten
Namen das Jungfräuliche.

Nikola im Klobenstein

▷ *Die beiden jungen Frauen holen uns wieder ein und erzählen, dass
sie es am Wasserfall wunderschön gefunden hätten und sie beim nächsten Mal ihre Kinder mitbringen werden. Ein Paar kommt uns entgegen
und bringt die Nachricht, dass der Weg zum Klobenstein gesperrt sei.
Nikola und ich schauen uns kurz an und wissen, dass wir weitergehen
werden. Bis jetzt sind wir noch immer an unser Ziel gelangt und so wird
es auch heute sein. Vertrauensvoll folgen wir unserem Weg und die beiden Frauen schließen sich uns in stiller Übereinkunft an.*

▸ Wir können bald erraten, warum der Weg gesperrt ist: Wir
sehen und hören einen Hubschrauber, der Baumaterial einfliegt.

Bald schon erreichen wir einen Aussichtspunkt, von dem aus wir das Achental und auch den Hubschrauber gut beobachten können. Ein weiteres Paar kommt uns entgegen. Den beiden ist anzusehen, dass sie sich über die Wegsperrung grämen. Als wir ihre Hinweise – wenn auch freundlich dankend – ignorieren und weitergehen, rufen sie uns nach: „Sie werden schon sehen!"

Unsere beiden Begleiterinnen sind verschwörerisch lächelnd an uns vorbeigezogen, als würden wir ein geheimes Wissen teilen. Und dann dreht sich eine von ihnen plötzlich triumphierend um. Sie grinst über das ganze Gesicht und hebt beide Daumen. Neben ihr ein Arbeiter, der gerade die Sperrung aufhebt.

▷ *Wir sind genau zur richtigen Zeit gekommen. „Wir gehen eben mit Gott", sage ich lachend und wir freuen uns, dass unser tiefes Vertrauen wieder einmal belohnt wurde. Ein liebliches Waldbächlein begleitet uns durch den Wald nach unten, in mehreren kleinen Kaskaden plätschert es uns voran. Ein Holzsteg geht über in eine Hängebrücke und wie sonst auch passiere ich diese Art von wackeligen Übergängen schnell und zügig. Unter mir die grüne Achen, an ihr Ufer zieht es mich hinunter. Mit Schwung und Kraft rauscht das helle, leuchtende Wasser um die Kurve, es drückt sich zwischen den Felswänden hindurch und biegt dann ums Eck und ist wieder verschwunden.*

▸ Auf der Hängebrücke bleibe ich fasziniert stehen und beobachte den Fluss unter mir, der hier noch Großache heißt und erst auf bayerischer Seite Tiroler Achen genannt wird. Hier zwängt er sich durch die steilen, in fast senkrechten Gesteinsschichten hoch aufragenden Felsen auf beiden Seiten der Schlucht.
Lange Zeit kann ich mich nicht von diesem faszinierenden kraftvollen Schauspiel trennen. Andrea ist schon unten am Flussufer und als ich zu ihr hinuntergehe, denke ich, dass mich dort nun ein lieblicherer Ort erwarten wird. Aber das Gegenteil ist der Fall: Die Naturgewalt, die rasende Geschwindigkeit des Wassers, ist erst von hier aus spürbar.

▷ *Schon vom Flussufer aus beeindruckt mich die Kombination aus zehn Meter hohem Stein, Quellkapelle und Kirche. Hier bestätigt sich wieder einmal die Theorie, dass die alten Kultorte der Kelten von den*

Christen übernommen wurden. Bis ins 17. Jahrhundert hing lediglich am geteilten Klobenstein ein Marienbild, erst dann wurde eine erste Kapelle errichtet. Die Menschen haben also die längste Zeit nur den Felsen und die Quelle verehrt.

Blick auf den Wallfahrtsort Maria Klobenstein

Mich zieht es zuerst nach links, Nikola geht nach rechts weiter. Und so komme ich von oben zum Stein und drücke mich zwischen ihm und der Kirchenwand hindurch, um dann die Stufen durch den geteilten Felsen hinabzugehen, wie durch einen Riesenschlupfstein. Dies muss die magische Handlung gewesen sein: Wandlung, Neugeburt, Stärkung und Fruchtbarkeit.

▸ Ich steige von unten zwischen den beiden Wänden des gespaltenen Felsens hindurch. Die Legende erzählt von einer Frau, die, von einer Gesteinslawine bedroht, die Gottesmutter Maria um Hilfe angefleht hat. Daraufhin spaltete sich der Stein und die Frau stand sicher zwischen seinen beiden Teilen – dort, wo ich nun stehe und erstaunt eine große Geborgenheit empfinde. Unwillkürlich fällt mir die biblische Erzählung ein, wie Gott das Rote Meer geteilt hat, damit das Volk Israel trockenen Fußes zwischen den Wänden aus Wasser in die Freiheit fliehen konnte. Gott eröffnet Wege, wenn man nur vertraut, denke ich wieder. Oder Göttin, korrigiere ich mich an diesem Frauenort.

▷ *Ein Ort der drei Bethen, die weibliche Dreifaltigkeit der Kelten, begegnet uns hier. Schon über dem Eingang der Kirche sehe ich das Bild der Jungfrau Maria. In einen weißen Schal gewickelt, rein und jugendlich hält sie das Jesuskind unter ihrer Decke im Arm: Sie steht für die Wilbeth. Die rote Maria mit dem Barockmantel im hinteren Teil der Kirche ist die fruchtbare Mutter, die Ambeth. Und die Weise Alte begegnet uns in Form der schwarzen Madonna, als Borbeth, die heilende Wandlungsgöttin. Ihr wird in der Lorettokapelle die meiste Verehrung zuteil.*

Erstaunt verlasse ich die Kirche: Ich hätte nicht zu hoffen gewagt, hier so deutliche Spuren des alten Glaubens zu finden.

▸ Beeindruckt wandern wir weiter. Im Gepäck haben wir nun eine Flasche mit dem Heilwasser, das wir uns in der kleinen Brunnenkapelle abgefüllt haben. Auch auf dieser Seite der Achen ist seit der Bronzezeit ein alter

Der Brunnen wird von der nahen Quelle gespeist.

Handelsweg belegt und vom Mittelalter bis in die Neuzeit waren es die Samer, die Güter über den Streichen transportierten. Ihren Pfaden folgen wir nun. Während zu Beginn der Wilde Kaiser uns immer wieder zurückblicken lässt, zieht uns bald eine liebliche Alm in ihren Bann. Die Hütte ist zwar verlassen, aber unterhalb einer Quelle steht ein neuer Brunnen, an dem wir uns mit dem Wasser erfrischen und nach dem steilen Aufstieg eine kurze Pause machen.

Ein kleiner Bach fließt an der Rainer Alm.

Dann überqueren wir wieder die Staatsgrenze und bald führt die Forststraße erneut zwischen zwei Felsen hindurch, dieses Mal sind sie riesig und der Durchlass ist breit. Ganz in der Nähe wachte früher eine Burg über die alte Handelsstraße. Und bis heute steht auf dem Vorsprung des Schlossbergs über dem Achental die dem heiligen Servatius geweihte Streichenkirche. Auf der Wiese an der Kirche – an diesem außergewöhnlichen Platz – sitzen viele Menschen und genießen die Aussicht hinüber zur Kampenwand oder in die andere Richtung zum Wilden Kaiser.

75

Streichenkirche   Schon als der älteste Teil der Kirche um 1300 errichtet wurde, soll es hier eine Wallfahrt gegeben haben: Der heilige Servatius, einer der Eisheiligen, wurde als Wetterpatron verehrt und für eine gute Ernte angerufen. Für Kunstinteressierte ist die kleine Kirche etwas Besonderes: Die spätgotischen Altäre und Wandmalereien sind original erhalten beziehungsweise bestens restauriert.

▷ *An der frei stehenden und lichtvollen Streichenkirche angekommen, sehe ich mich um und vor meinem geistigen Auge scheint es mir, als würde dort, wo heute die Fahne weht, ein großes Feuer lodern. Mit seiner exponierten Lage könnte dieses Plateau ein Brandopferplatz gewesen sein. Ich setze mich in die Sonne, schaue hinüber in meine Heimat, zum Wilden Kaiser nach Tirol. Lange lasse ich mich von den Sonnenstrahlen wärmen, bis ich die Kirche betrete. Und da sind sie wieder, die drei heiligen Frauen Wilbeth, Ambeth und Borbeth: Am Seitenaltar finde ich die heilige Katharina, die heilige Margarete und die heilige Barbara. Die*

Drei sind die katholischen Nachfolgerinnen der keltischen Bethen. Ein Spruch, der sich im Volksmund erhalten hat, hilft dabei, sich ihre Attribute zu merken: „Margarete mit dem Wurm, Barbara mit dem Turm und Katharina mit dem Radl, das sind die drei heiligen Madl."

Wir konnten ihnen auf dieser Wanderung nicht nur in den beiden Kirchen begegnen, sondern auch auf unserem Weg haben sie uns begleitet: am klaren Wasserfall die Jungfrau, am transformierenden Klobenstein die Weise Alte und an der feurigen, wärmenden Energie der Streichenkirche die fruchtbare Mutter. Welch ein wundervoll magischer Frauenweg zwischen Bayern und Tirol!

Aussicht von der Streichenkirche zur Kampenwand

Anregung
Glauben und Vertrauen

Dieser Weg nach Maria Klobenstein und zur Streichenkirche eignet sich hervorragend, um über deine Fähigkeit zu glauben und zu vertrauen nachzudenken. Mehr als 2.000 Jahre haben sich an dieser Kirche und an dem Stein die Riten der Kelten erhalten. Das zeigt, wie stark der Glaube mit den Menschen, ihrer Kultur und der Landschaft verbunden ist.

Setze dich in Maria Klobenstein an einen Ort, der dir entspricht, und schreibe auf, zu welchem Zeitpunkt du in deinem Leben so viel Vertrauen und Glauben hattest, dass sich die Dinge nicht anders entwickeln konnten als zum Positiven. Sei es eine überstandene Krankheit, eine besondere Herausforderung, eine schwierige Prüfung oder Ähnliches. Finde mindestens eine Situation in deinem Leben, bei der du gewusst hast, dass alles gut ausgehen wird, und du wirklich tief vertraut hast. Wenn du diese Situation(en) gefunden hast, dann schreibe sie auf.

An der Streichenkirche kannst du deine Aufzeichnungen zur Hand nehmen und dir überlegen, warum du in dieser Situation so vertrauensvoll warst. Was hat dir dabei geholfen? Kannst du es wiederholen? Kann dir diese Situation zeigen, was du beim nächsten Mal anders oder besser machen kannst? Glaubst du an dich oder an eine höhere Macht? Vertraust du dir und den Menschen in deinem Umfeld? Vertraust du Gott, dem Universum, einer göttlichen Führung? Mache dir deine Gedanken zu diesem Thema und schreibe sie auf.

Lichtvolle Wege

Der Weg der sieben Linden
Von Raiten entlang des Mettenhamer Filzes
und über den Buchberg an die Tiroler Achen

06

2:15 h Gehzeit

8 km Länge

80 hm   leicht

Engel auf einem Grabkreuz
auf dem Raitener Friedhof

In jeder Region gibt es Orte, die als Kraftorte oder besondere spirituelle Plätze bekannt sind und deshalb in unseren Büchern nicht fehlen dürfen. Dann gibt es solche, die uns Einheimische empfehlen. Und es gibt die Plätze, die wir erst unterwegs erkennen. Diese Wanderung führt uns zu solch einem Ort. Wir haben ihn vom Weg zur Schnappenkirche in der Ferne gesehen: das fast runde unberührte Moor an der Engstelle zwischen Teufelsstein und Gscheuerwand, davor der kreisrunde Bichl und die Kirche mit dem schlanken Turm und daneben, zwischen Moor und Fluss, die hintereinander liegenden Hügel des Buch-bergs.

79

Wegbeschreibung:

Nach dem Besuch der Kirche gehen wir zur Straße, überqueren diese und wandern geradeaus auf den Buchberg-Rundweg. Wir folgen den Schildern rechts herum, also zwischen Moor und Berg entlang. Dort, wo wir fast auf die Straße treffen, führt uns der Buchberg-Rundweg nach links Richtung Achendamm.

An der nächsten Kreuzung verlassen wir den Rundweg und gehen links bergauf. Am Haus auf dem Buchberg wandern wir links vorbei, halten uns an der Gabelung rechts und erreichen eine Reihe von alten Buchen. An dieser führt der Weg rechts vorbei bis zu einer Gabelung, an der wir nach rechts gehen.

Oberhalb des Achentals gehen wir auf dem Forstweg bis zu einer weiteren Gabelung, an der wir den rechten Weg bergab wählen. An der nächsten Abzweigung folgen wir dem Schild zum Achendamm nach rechts und wenden uns vor dem Fluss nach links Richtung Raiten.

Wo es rechts nach Marquartstein und Unterwössen abgeht, halten wir uns links Richtung Raiten. Dort gehen wir noch einmal hoch zur Kirche und umrunden den Kirchbichl.

Ausgangspunkt in
83259 Schleching-Raiten:
Achentalstraße

ÖPNV:
Haltestelle „Abzweigung Raiten"

Wegbeschaffenheit:
Breite Wanderwege und Forstwege. Bei Schnee nicht präpariert.

Am Weg:
Wallfahrtskirche Maria zu den sieben Linden, Mettenhamer Filz, Tiroler Achen

Einkehr:
Rait'ner Wirt

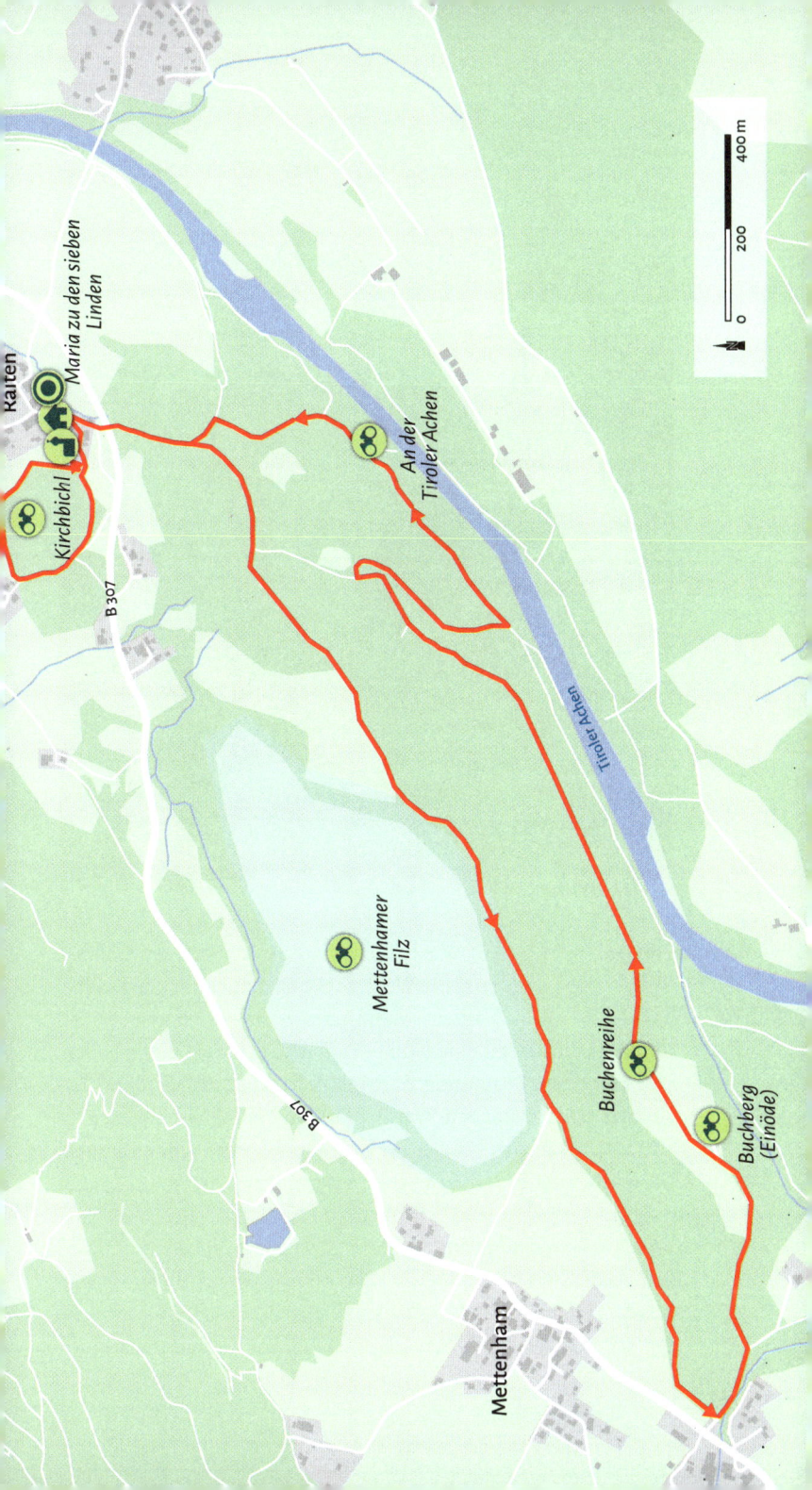

Karten

Maria zu den sieben Linden

Kirchbichl

B 307

An der Tiroler Achen

Tiroler Achen

Mettenhamer Filz

B 307

Buchenreihe

Buchberg (Einöde)

Mettenham

0   200   400 m

Menhir unter der Marienkirche

▸ Wir besuchen zu Beginn unserer Wanderung die Wallfahrtskirche mit dem klingenden Namen „Maria zu den sieben Linden": Nicht nur, dass die Sieben eine heilige Zahl ist, auch die Linden haben eine besondere Bedeutung als Symbole der Gerechtigkeit und der Heimat. Wo sie standen, war der Ort, an dem die Gemeinschaft zusammenkam. Deswegen findet man bis heute Linden in den Gastgärten der Wirtshäuser oder auf den Dorfplätzen.

▷ *Ich schaue hinüber zum Buchberg. Mehr und mehr habe ich das Gefühl, dass hier in ganz früher Zeit eine keltische Siedlung gewesen sein könnte. Entlang der Tiroler Achen sind Handelswege schon aus sehr frühen Zeiten belegt und die Tatsache, dass auf dem Kirchbichl hinter der*

Raitener Kirche einmal eine Burg stand, zeugt davon, dass man diese auch bewachen und schützen musste. Im Langhaus der Kirche Maria zu den sieben Linden sind die Reste des Wehrturms aus dem 12. Jahrhundert verbaut und die Historiker glauben, dass das Gotteshaus ursprünglich als Burgkapelle entstanden ist. Der Friedhof mit den gusseisernen Kreuzen, die alte Linde und unterhalb der Kirche der Stein, der an einen Menhir erinnert – wir befinden uns wahrlich an einem mystischen Ort.

▸ Es hat in dieser Kirche über lange Zeit einen besonderen Brauch gegeben: Die Frauen der Umgebung verehrten eine uralte Holzfigur, die angeblich von der Achen angeschwemmt und auf dem Dachboden der Kirche aufbewahrt wurde. Sankt Gewer, Gwera oder Gewährerin sollen sie die Figur genannt haben, die sie um Hilfe bei ihren Anliegen anriefen. Die Verehrung wurde dem Bischof gemeldet, die Figur zur Untersuchung nach Herrenchiemsee gebracht, wo sie für immer verloren ging.

Ganz offensichtlich hat der Klerus in Raiten einen Frauenkult unterbunden. Der Name der Figur deutet mit Sicherheit auf den Kult der Drei Heiligen Frauen, der Drei Bethen hin: auf die Borbeth, die auch als Gewer, Gwer, Gwerpete oder Gwerbett überliefert ist.

▷ *Runde Landschaftsformen haben die Menschen aller Zeiten angezogen. Und in Flusstälern wie dem Achental, in denen Überschwemmungen und Nässe das Überleben erschwerten, kann man sicher davon ausgehen, dass die frühen Bewohner in höheren Regionen siedelten. Der Rücken des Buchberges wäre dafür perfekt gewählt. Wenn man darüber hinaus weiß, dass Moore in vorchristlicher Zeit als heilige Orte galten, an denen man den Göttinnen und Göttern näher war als anderswo, darf man spekulieren, dass dieses runde Moor, das Mettenhamer Filz, ein solcher Ort gewesen sein mag.*

Die herbstlich verfärbten Bäume und das Moor mit seinen Gelb- und Ockertönen haben etwas Meditatives und Betörendes. Es ist, als würde der Lärm der Straße vom Moor aufgesogen und verschluckt. Und gleichzeitig erscheint alles langsamer als sonst, als würden sich die Kühe auf der Weide und die Autos auf der Straße wie in Zeitlupe bewegen. Was für ein eigenartiger Effekt, denke ich – fast als ob wir uns in einer anderen Zeitebene befänden.

*Ich erzähle Nikola von meinen Eindrücken und sie stimmt mir zu.
Ob das an uns liegt oder an dem Ort?*

▸ Andrea hat recht, die ganze Welt wirkt ein bisschen verlangsamt. Wir auch. Woher der Impuls auch immer kommt, wir greifen ihn auf und bummeln. Wir bleiben hier stehen und dort, warten aufeinander, lauschen den Vögeln und den Regentropfen im Laub.

Dieser Weg ist auch bei Sonne und im Sommer schön, aber er ist die perfekte Schlechtwetter-Runde. Bei Nebel und Dunst wirken das Moor und der dichte Buchenwald noch mystischer. Wenn ich mich aufraffe, auch bei schlechtem Wetter in die Natur zu gehen, habe ich jedes Mal das Gefühl, dass es mir sogar dabei hilft, mich nach innen zu wenden, in die Meditation, in Kontakt mit mir selbst zu gehen.

▷ *Der Bach neben dem Wanderweg ist vom Moor goldgelb gefärbt, fast wie Goldwasser. Ich sehe mich im Wald um: Die Bäume haben kleine Höhlen und eigenartige winzige Behausungen zwischen ihren Wurzeln. Sofort denke ich an die Naturwesen und dann schaue ich zum Moor und es erscheint mir, als ob sich dort weiße Frauengestalten bewegen würden.*

Die Tiroler Achen

Die Priesterinnen der Moore? Oder die geister-   Der Teufelsstein im Nebel
haften weißen Frauen? Moore haben immer auch
etwas Unheimliches und Mystisches. Der Nebel nimmt der Umgebung
die harten Konturen und zeigt uns eine verschwommene Realität.

▸ Die Erzählung von der Gewährerin lässt uns nicht los. Hat sich ihre Verehrung in der Wallfahrt zur Gottesmutter erhalten? Wir kommen ins Gespräch …

▷ *Die vorchristlichen Menschen suchten das Göttliche ausschließlich in der Natur: Bäume, Berge, Felsen, Quellen, Moore, Flüsse. Auch die zyklischen Abläufe, die wechselnden Jahreszeiten, der Jahreskreis mit seinen Festen und Ritualen waren ihnen heilig …*

▸ In der „neuen" Religion hat sich die Bedeutung des Menschen verändert. Gott wird laut christlicher Überzeugung in Jesus sogar Mensch. Weiterhin pilgern die Gläubigen bis heute zu Maria zu den sieben Linden …

▷ *… an deren Platz früher bestimmt einmal ein Baumheiligtum war. Die Sieben erzählt von Zaubersprüchen und Hexenformeln. Das verflix-te siebte Jahr, die sieben Zwerge, die sieben Raben, die sieben Geißlein, die Siebenmeilenstiefel, Sieben auf einen Streich, die sieben Weltwun-der, der siebte Sinn … Diese Liste könnte noch ewig so weitergehen und zeigt eindrücklich, dass die Sieben eine äußerst magische und heilige Zahl ist …*

▸   ... die sieben Schöpfungstage, das siebte Jahr als Sabbatjahr, die sieben Werke der Barmherzigkeit, die sieben Gaben des Heiligen Geistes, die sieben Tugenden ...

▷   *Und die Linden wurden in vielen Kulturen als Bäume der Weiblichkeit verehrt. Und so ist „Maria unter den sieben Linden" ein einzigartig magischer Frauenkultplatz – was sich in seinem Namen erhalten hat ...*

▸   Trotz der ausgeprägten Marienfrömmigkeit legt der Katholizismus Wert darauf, dass Maria nicht angebetet wird, weil sie schließlich nicht Gott sei. Aber was die Menschen in ihr verehren, ist natürlich genau das: das weibliche Prinzip des Göttlichen.
So miteinander im Gespräch wandern wir um den Buchberg, bis die Natur wieder unsere ganze Aufmerksamkeit fordert.

▷   *Wir streben auf einen Grat zu, auf dem mehrere alte Buchenbäume in einer Reihe stehen. Geschützt und geborgen fühle ich mich unter den mütterlichen Bäumen, sie machen mein Herz und meinen Geist weit. Über uns fliegt ein Bussard und stößt seinen Schrei aus, als ob er uns zuruft: „Ihr habt den richtigen Ort gefunden, bleibt noch!" Ein Stück Heimat am Buchberg. Und es ist wirklich so: Ich möchte hier nicht mehr weggehen.*

▸   Die Baumreihe ist eigenartig, so als wären die Buchen absichtlich genau hintereinander gepflanzt worden. Zum Weg hin strecken sie sich weit aus und wir zögern beide nicht, sondern gehen sofort unter die schützenden Äste. Ich lege meine Hände auf den glatten Stamm einer der Buchen. Das Vibrieren unter meiner Haut, das sich immer einstellt, wenn ich die Hände wieder wegnehme, beglückt mich jedes Mal aufs Neue. Es fühlt sich an, als würde der Baum etwas von seiner Vitalität mit mir teilen.

▷   *Verblüfft bleibe ich stehen, als ich einen Feuersalamander entdecke. Jede Begegnung mit diesem Tier ist zuerst mit einem kurzen Schrecken und Innehalten verbunden. Obwohl es so klein ist, hat es etwas Magisches, erscheint fast wie ein Wesen aus einer anderen Welt. Ich bücke mich, schaue genauer und erkenne, dass es zwei Tiere aufeinander sind, die sich in einem langsamen Rhythmus bewegen. Lange bleibe ich fasziniert stehen.*

Wir sind auf unseren Wanderungen im Chiem-   Die Buchenreihe
gau schon erstaunlich vielen dieser äußerst scheuen
Tiere begegnet. Jetzt zwei beim Paarungsspiel zu überraschen, ist fast
schon unglaublich. Nikolas erschrockener Ausruf reißt mich aus meiner
Betrachtung: „Schon wieder einer! Jetzt wäre ich fast draufgetreten!"

Wir lachen und müssen endgültig akzeptieren, dass der Feuersalamander unser gemeinsames Krafttier sein möchte: das glänzende
schwarze Tier mit den gelb-orangen Flecken, bei dem jedes sein indivi-
duelles Muster hat. Ein Krafttier des Wassers der Anderswelt und des
Feuers der Sonne. Im Mittelalter hat man geglaubt, dass die Salamander Feuer löschen können, und warf sie in die Flammen. So kamen sie zu
ihrem Namen und viele von ihnen fanden ein frühzeitiges Ende.

▸ Als wir von oben auf die Achen hinuntersehen können, freuen
wir uns über den Anblick des an dieser Stelle unverbaut wirken-
den Flusses. An seinem Ufer angekommen, sehen wir, dass der
Mensch Schutzmaßnahmen ergriffen hat. Große Steine sichern
das Ufer vor der tosenden Kraft des Bergflusses. Wie weit sich das
Gewässer früher bei Hochwasser ausgedehnt haben mag? Man
musste vermutlich recht hoch siedeln, um davor sicher zu sein,
was unsere Theorie von einer Besiedlung des Buchberges untermauert.

▷ *Dieser Fluss hat also die Holzfigur angeschwemmt, die besonders von den Frauen dieser Region verehrt wurde. Der Frauenbaum, Maria als Fruchtbarkeitsgöttin und Gebärerin und die magische Zahl Sieben: Vielleicht sind die Frauen früher zur Muttergottes gekommen, um für eine gute Geburt zu bitten. Wir bitten sie um Fruchtbarkeit und Kraft für unsere Projekte und unseren Lebensweg: empfangen, austragen, gebären, nähren und loslassen. Das mütterliche Prinzip – gewährt von der Gewährerin zu den sieben Linden.*

Anregung
Finde dein Krafttier

Wir sind auf diesem Weg insgesamt vier Feuersalamandern und vielen unterschiedlichen Vögeln begegnet. Hast du schon ein Krafttier? Denke darüber nach, welches Tier dich inspiriert, und beobachte, welches Tier dir auf deinen Wanderungen immer wieder begegnet. Wir konnten uns dem Feuersalamander nicht entziehen, er war einfach immer wieder da. Welches Tier ist in deinem Leben und taucht immer wieder auf? Weißt du, warum? Hilft es dir mit seinen Stärken und Schwächen weiter? Denke darüber nach und beobachte! Es ist auch schön, zusammen ein Krafttier zu finden, wenn du mit anderen Menschen in der Natur unterwegs bist. Es ist verbindend und heilsam, ein gemeinsames Krafttier zu haben.

Feuersalamander bei der Paarung

Der Weg der drei Quellen
Von Marquartstein zur Schnappenkirche

4:20 h Gehzeit

10,8 km Länge

706 hm **mittel**

Der Chiemsee liegt der
Schnappenkirche zu Füßen.

Drei Quellen, ein Gipfel, der „Drei Sennerinnen" heißt, eine steinerne Madonna und eine Hirschlegende: Alles deutet darauf hin, dass wir uns auf dieser Wanderung einem alten Heiligtum nähern. Inspiriert und liebevoll begleitet steigen wir zum ehemaligen Wallfahrtsort auf dem Schnappenberg auf, lassen uns von dem heilenden Wasser vitalisieren und zu kleinen Abenteuern verleiten. Oben erwarten uns eine wunderbare Aussicht und ein heiliger Platz, an dem die Menschen immer noch zusammenkommen.

Wegbeschreibung:

Am Parkplatz Hochgern orientieren wir uns an den Schildern Richtung Schnappenkirche und Windeck. Bald biegen wir den Schildern folgend nach links in einen breiten Fahrweg ein. Wo dieser eine Rechtskurve um ein Gebäude herum beschreibt, verlassen wir ihn geradeaus und gehen dann ein Stück parallel zu ihm weiter. Den Beschilderungen folgen wir immer mit Blick auf das Tal der Tiroler Achen, bis der Weg vor dem großen Felsen, der „Scherbenstein" genannt wird, eine steile Linkskurve beschreibt. Er führt uns an der ersten Quelle vorbei bis zu einer spitzen Kehre, an der ein Wanderschild steht, das zur Schnappenkirche nach rechts weist. An dieser Kreuzung besteht – nur für Geübte und Schwindelfreie – die Möglichkeit, nach links auf den schmalen Felssporn Richtung Windeck hinauszusteigen.

Der Hauptweg führt wie ausgeschildert nach rechts weiter. Gleich nach dieser Kreuzung befindet sich links oberhalb des Weges eine Felswand, die wir erkunden. Und hinter der nächsten spitzen Kehre nach links sollte man auf den Grünen Mann im Baum achten.

Wo der Weg dann in einer Rechtskurve um eine Bergflanke herumführt, stehen oberhalb die Felsen der Drei Sennerinnen. Wir erreichen eine Bank und dort gegenüber kann man links vom Weg abweichen und auf einer Art alten Wegtrasse parallel zum Forstweg weitergehen, bis man an die Quelle kommt, die unterhalb des Felsens mit dem Namen „Madonna" entspringt.

Der Grüne Mann

Staudach-
Denkmal

Tiroler Achen

B 305

Schnappenberg
1.260 m
▲

Schnappenkirche

Heilquelle

Madonna
1.205 m
▲

Madonnenquelle

Luchsfallwandl
1.263 m
▲

überhängende
Wand

Marquartstein

Windeck

Der Grüne Mann

Burg
Marquartstein

Quelle

Übergang

Predigtstein

Scherbenstein

0   200   400 m

Bald danach erreichen wir die Schnappenkirche. Hinter der Kirche im Wald kommen wir an eine Gabelung, dort gehen wir links bis zum Brünnlein. Anschließend folgen wir den Schildern Richtung Staudach steil den Berg hinunter.

An einer T-Kreuzung erreichen wir vor einem Bachtal einen breiteren Weg, in den wir nach links einbiegen, nach rechts sind hier einige Almen ausgewiesen. Wo nach rechts ein Abstecher zum Staudach-Denkmal führt, nutzen wir die Gelegenheit, an dem schönen Platz die Aussicht zu genießen.

Dem Achentalweg folgen wir nun Richtung Marquartstein. Wo es allerdings nach rechts Richtung Ort geht, bleiben wir auf dem Weg Richtung Hochgern und Schnappenkirche, gehen dann allerdings nicht den direkten Weg zurück zum Parkplatz, sondern umrunden noch die Burg, deren Gelände und Kirche wir einen Besuch abstatten, bevor wir unsere Runde beenden.

Ausgangspunkt in
83250 Marquartstein:
Wanderparkplatz Hochgern,
Burgstraße

ÖPNV:
Haltestelle „Marquartstein
Rathaus" (zusätzlich 1,3 km
und 44 hm)

Wegbeschaffenheit:
Überwiegend breite Wanderwege, im Abstieg mittelschwere
Bergpfade. Bei Schnee begehbar
bis zur Kirche.

Am Weg:
Drei Quellen, Schnappenkirche,
Burg Marquartstein (privat)

Einkehr:
Gastronomie Marquartstein

Tipp:
Kleine Fläschchen mitnehmen,
um sich das Heilwasser
abzufüllen

Besonderheit:
Wer den steilen Abstieg
Richtung Staudach nicht
nehmen möchte, kann von der
Kirche den gleichen Weg
zurückgehen. Das Gleiche gilt,
wenn das Wetter schlecht ist
oder Schnee liegt.

Für das Ritual:
Schreibzeug, ein Behältnis für
das Heilwasser

‣ Es ist immer wieder ein Erlebnis, wenn ein Weg, der eben noch „nur" schön war, plötzlich besonders wird. Zu Beginn führt diese Wanderung unter dem Hochgern ein Stück nach Süden, immer wieder haben wir Ausblicke ins Achental. Am Scherbenstein schauen wir uns die Felsen genauer an – ich finde ihn interessant, bin aber noch nicht wirklich berührt.

▷ *Ein Stein, der einen Vorhang aus Efeu trägt. Ich nähere mich und entdecke ein weibliches Gesicht im Fels. Es blickt mich von oben herab streng und prüfend an. „Was machst du hier an meinem Stein?" Ich lege meine Hand an ihre Wange und berühre sie zart. „Ich bin gekommen, um die Göttin der Quellen zu besuchen. Wird sie sich mir zeigen?" Ein Windstoß lässt die Efeuranken leicht schwingen und ich deute dies als ein „Ja" der Göttin mit dem steinernen Gesicht.*

‣ Wir erreichen eine Aussichtsbank, von der aus sich uns ein beeindruckender Blick nach Süden bietet: Gegenüber auf der anderen Talseite erkennen wir den Teufelsstuhl. Der Weg macht eine leichte Biegung, wir treten heraus aus dem Nadelwald und gehen wie in einer Steilkurve unter einem Felsen weiter. Plötzlich klingt ein leises Plätschern herüber. Wir nähern uns einem Bach und es scheint mir, als würde mich das Wasser schon beleben, obwohl ich es bisher nur höre.

Ab hier ist alles anders, hier ist die magische Stelle.

Die erste der drei Quellen sprudelt kraftvoll.

Hier ist diese magische Stelle – hier beginnt eine andere Welt oder eine andere Energie, oder wie auch immer man es nennen sollte. Erst jetzt schaue ich auf der Karte nach, weil es mich interessiert, ob dieser Felsen über uns einen Namen hat. Und ich stelle fest, dass wir uns unter dem Predigtstein befinden. Über ihm, in der Verlängerung der Felsformation, steht der Zwölferspitz. Vielversprechende Namen, die darauf schließen lassen, dass ich meinem Gefühl trauen kann: Ab hier ist es anders.

Ein paar Meter weiter treffen wir dann auf das Wasser. Eine kleine Quelle entspringt neben dem Weg und beglückt uns mit ihrem unvergleichlichen Gesang.

▷ *Am Weg steht eine Frau – sie trägt einen goldenen Krug. Sie lächelt mir zu und deutet mir, ihr zu folgen. Sie führt mich hinunter an die Quelle. Heftig und lebendig schießt das Wasser aus dem schmalen Rohr über die Steine nach unten.*

„Das Winterbründl, es bringt dir Ruhe, Geborgenheit und Schutz", flüstert mir die Frau zu und legt mir liebevoll ihre Hand auf die Schulter. Ich spüre ihre mütterliche Energie und freue mich über ihren Segen.

▸ Bald lockt uns ein Felsen, der links unter unserem Weg zu erkennen ist. Eigentlich müssen wir hier nach rechts weiter, aber die Anziehung ist zu groß und wir schweifen von unserer Route ab und gehen über den Grat der Kindlwand. Hier ist nur ein schmaler Pfad, rechts und links geht es steil nach unten, umgestürzte Bäume machen uns den ohnehin kaum vorhandenen Platz streitig. Ich komme ins Schwitzen, nicht weil es so anstrengend wäre, sondern weil mir das Adrenalin ins Blut schießt. Es macht riesigen Spaß, hier herauszusteigen. Die Aussicht ist großartig, aber meine leicht zitternden Knie signalisieren mir deutlich, dass ich nicht zu weit gehen sollte.

▷ *Ich sehe eine Frau in heller Kleidung, sie hält eine goldene Schale mit Äpfeln. Sie leitet mich hinaus auf den Grat. Er führt wie eine Rampe zum Licht. Ich setze mich auf einen Felsen und konzentriere mich auf die Vision: Sie hebt die goldene Schale in die Luft und opfert etwas. Sie stimmt die Götter und Göttinnen milde, bittet um Schutz für ihren Clan. Sie trägt eine Skulptur in ihren Händen, die einen Menschen mit Hirschkopf darstellt. Sie entlässt einen Vogel in die Lüfte – es ist eine Taube, aus ihrem Flug liest sie das Orakel für ihre Sippe. Sie fragt nach der Zukunft – sie ist die keltische Seherin und Heilerin. Sie weiß alles über die Kräuter und die Natur. Sie hebt die Arme in den Himmel, ruft ihre Beschwörungen und Formeln nach oben.*

Die weiße Taube kehrt zu ihr zurück, das Orakel und das Opfer sind beendet. Die Seherin lässt die Schale mit den Äpfeln auf den Felsen stehen. Ein Opfer für die Göttinnen und Götter.

▸ Vor mir auf dem Grat steht ein abgestorbener Baum. Noch richtet er seine kahlen Äste in den Himmel. Auf mich wirkt er, als würde er mich zurückschicken wollen, als riefe er mir zu: Heute reicht es bis hierher. Und ich höre auf ihn und steige vorsichtig zurück zum breiten Weg, aufgeregt und hellwach – ein bisschen enttäuscht, dass ich nicht weitergekommen bin, ein bisschen dankbar, dass ich klug genug war, auf meinen Baumfreund zu hören.

Und wieder sind es nur ein paar Meter, bis der Berg das nächste Geschenk für uns bereithält. Dieses Mal steht links über dem Weg eine große Felswand, die uns an ihren Fuß lockt. Die leicht überhängende Wand spendet uns das Gefühl, unter ihr geschützt und geborgen zu sein. Inmitten der Grün- und Brauntöne des

Waldes und der Grautöne der Steine leuchtet dieser Felsen ganz hell. Die Neigung nach vorn hat die Wand vor Nässe geschützt und sie hat nur die Farbe des weißlichen Gesteins – kein Moos, keine Flechten haben sich hier angesiedelt. Jungfräulich rein, ein anderes Wort fällt mir dafür nicht ein.

▷ *Ein weißer Götterfelsen, hell und unberührt – der Fels der Erkenntnis. Ich blicke nach oben und sehe einen Raben über mich hinwegfliegen. Eine alte Frau in schwarzem Gewand steht an dem Felsen. Sie bückt sich und hebt etwas auf, es sind Holzstücke mit Symbolen darauf. Sie wirft die Stäbe in die Höhe und schaut sich die Kombinationen an, die sich ihr zeigen. Sie liest aus ihnen wie aus einem Buch. Sie spricht mit einer jungen Frau und redet ihr gut zu: „Sei geduldig und hoffnungsvoll. Alles wird sich fügen."*

Die junge Frau lächelt und die Alte sammelt die Holzklötze ein und verbirgt sie in einem Beutel. Der Rabe landet auf ihrer Schulter und die Alte verlässt den Fels der Erkenntnis. Eine Feder des schwarzen Vogels bleibt als Opfergabe zurück.

▸ Bald wandern wir unter einer Felsformation, die die „Drei Sennerinnen" genannt wird. Ein Stück weiter steht der Felsen mit dem Namen „Madonna". Direkt darunter ist die zweite Quelle, die wir heute besuchen. Es ist ein friedlicher Ort und Andrea nimmt sich von dem Wasser etwas mit. Wir sind uns sicher, dass hier unter dem Madonna-Berg neben den Drei Sennerinnen früher ein Quellheiligtum gewesen sein muss. Und bis heute hat sich der Ort einen besonderen Frieden erhalten.

▹ *Die Frau mit dem goldenen Krug erwartet mich auch an der zweiten Quelle. Sie deutet auf das kleine Bächlein, das sich aus den Steinen hervorzwängt. Es ist zart und sanft, doch seine Heilkraft ist groß. „Benetze deine Augen und sieh", raunt sie mir zu. Und ich spüre, was sie meint, das Sehen über die Grenzen von Raum und Zeit hinweg. Und so benetze ich mein Drittes Auge mit dem Heilwasser und danke ihr für die Kraft der Quelle und ihre liebevolle Zuwendung.*

Der strahlende Felsen der Weisen Alten

Blick von der Schnappen-kirche zum Chiemsee

▸ Die dritte Quelle liegt hinter der Schnappen-kirche im Wald. Lange, bevor das heutige Gebäude errichtet wurde, stand über dieser Quelle eine Kapelle. Die Menschen kamen von weit her, weil dieses Brünnlein heilendes Wasser spendete. Sie brachten Gefäße mit und nahmen von dem Wasser, um es ihren Kranken zu bringen, insbesondere auch denen, die nicht gehen konnten.

▷ *Die Einfassung ist nicht geschmückt und überhaupt sieht der Ort verlassen aus, wie eine verwunschene Quelle, die niemand sehen kann, außer denen, die ihrer Wunder bedürfen. Ich lege eine Kupfermünze zwischen die Steine der Einfassung.*

Ein Vöglein zwitschert, es stößt einen hohen, hellen Ton aus, ein Wintergoldhähnchen mit goldenem Scheitel hüpft vor die Quelle und trinkt, badet sich in dem Heilwasser. Die Druidin nähert sich und lässt den Vogel auf ihre Hand hüpfen. Sie ist es, die sich der Göttin zuwendet und um Fruchtbarkeit und Heilung bittet. Die Bäume sind ihre Freunde und die Vögel ihre Begleiter. Sie nimmt ihren goldenen Krug und füllt ihn auf. Eine Frau ist krank geworden. Das Wasser wird seine heilende Wirkung tun. Sie hebt die Hand wie zum Gruß und ich sehe sie im dichten Fichtenwald verschwinden.

▸ An der 1637 errichteten Kirche, die noch heute an diesem wunderbaren Platz über der Ebene steht, kommen die Menschen immer noch zusammen: Junge, Alte, Kinder, Radfahrer, Bergläufer, Wanderer – sie alle pilgern hierher, um die Aussicht auf den Chiemsee und die liebevolle Atmosphäre an der Schnappenkirche zu genießen. Und auch in der lichten Kirche zeugen viele kleine Gaben davon, dass die Menschen sie wieder gerne aufsuchen, sich hier mit einer Kraft verbinden, die über sie hinausgeht.

Die Kirche ist dem Wolfgang geweiht und diesem Heiligen begegnet man in der bayerischen und alpinen Region an vielen Orten, an denen alte Heiligtümer der Kelten verehrt wurden: Er versinnbildlicht mit dem Modell einer Kirche, das er auf allen Darstellungen im Arm hält, den neuen Glauben, der den alten ablösen sollte.

Die Legende erzählt von einem Hirsch, der sich vor einem Unwetter in das Gotteshaus geflüchtet und dabei versehentlich selbst eingeschlossen habe: Weil er Hunger bekam, begann er an dem Seil zu knabbern, das von der Glocke herunterhing. Von dem Läuten angelockt, befreite ihn der Jäger, doch das Tier kam immer wieder hierher zurück, um für seine Rettung zu danken. Neben den Felsen „Drei Sennerinnen", „Madonna" und „Predigtstein" und neben den drei heiligen Quellen ist auch der Hirsch, der sich in der Legende erhalten hat, ein Zeichen, das auf einen alten keltischen Kultort hindeutet. Der Gott Cernunnos trug ein Hirschgeweih auf dem Kopf und gilt als Begleiter der Urmutter.

▷ *Die Mistelzweige, die ich unterwegs gefunden habe, stecke ich an das Gitter in der Kirche neben die vielen anderen Opfergaben: Rosenkränze, Medaillons, Kreuze und Bildchen. Ein jeder will etwas zurücklassen, um mit dem Ort verbunden zu bleiben.*

Wie mir das steinerne Orakel zu Beginn der Wanderung prophezeit hat, sind wir der Göttin der Quellen in Form der keltischen dreifachen Urgöttin und der Madonna begegnet. Wir sprechen einen Dank aus: für die Schönheit der Natur und die Mysterien des Lebens.

Anregung
Begegnung mit den Quellen

Diese besonderen drei Quellen am Weg inspirieren und regen an, sich mit ihnen auseinanderzusetzen. Sie sind unterschiedlich und deine Aufgabe ist es, im Laufe der Wanderung ihre unterschiedlichen Energien zu erspüren.

Mache deine eigenen Erfahrungen und lass dich nicht davon leiten, was wir erlebt haben. Du kannst ganz andere Dinge fühlen. Alles ist richtig, es gibt kein Falsch! Nimm dir am besten ein kleines Notizbüchlein mit und schreibe deine Erlebnisse sofort auf. Vieles vergisst man schnell wieder und du wirst dich wundern, wie viel dir auf diesem Weg begegnen wird. Schreibe alles auf, was dir wichtig erscheint, und freue dich über deine Fantasie und Kreativität. Lass dich inspirieren!

Suche unterwegs nach einem kleinen Stein, einer Feder oder einem Blatt und lege es an dem Bründl hinter der Schnappenkirche ab. Dann darfst du dir ein wenig von dem Heilwasser mit ins Tal nehmen.

Die Quelle hinter der Schnappenkirche wurde als Heilquelle verehrt.

Der Weg der Heilung
Von Sachrang zur Wildbichl Alm und zur Ölbergkapelle

2:30 h Gehzeit

6,7 km Länge

314 hm mittel

Über die Wiesen führt der Weg zurück nach Sachrang.

Was heute unter dem Begriff „Waldbaden" als neuer Trend gilt, war Menschen wie dem Müllner-Peter, dem Sachranger Universaltalent und Heiler, immer schon bewusst: Die Natur heilt. Und seine Nachfahren haben von ihm gelernt und setzen auf Nachhaltigkeit und den achtsamen und respektvollen Umgang mit der Natur. Vom Bergsteigerdorf Sachrang wandern wir zur Wildbichl Alm, von der wir die Aussicht nach Tirol und ins Inntal genießen, und auf dem Rückweg zur Ölbergkapelle, die daran erinnert, dass auch Jesus sich in Bedrängnis in die Natur zurückzog.

Wegbeschreibung:

Wir gehen von der Hauptstraße weg und an der Kreuzung den Fahrweg rechts hinauf. Die Wildbichl Alm ist hier bereits ausgeschildert. In einer scharfen Linkskurve weisen die Schilder geradeaus auf einen Pfad, der durch den Wald steil hinaufführt, bis zu einem Querweg, auf dem es zur Alm nach links weitergeht.

Von der Alm wandern wir mit Blick ins Inntal den Fahrweg hinunter, bis die Schilder Richtung Sachrang nach rechts auf einen schmalen Wanderpfad weisen. So erreichen wir ein Asphaltsträßchen, in das wir nach rechts einbiegen. Den Schildern folgen wir, bis wir nach der Grenze ein Feriendorf durchquert haben. Dahinter folgen wir dem Sträßchen nach links zur Hauptstraße und nicht den Schildern Richtung Sachrang.

Gegenüber dem Café überqueren wir den Parkplatz und gehen zur Hauptstraße, überqueren diese und wandern direkt gegenüber schräg rechts zur Ölbergkapelle. Wir nehmen zunächst nicht den zweispurigen Fahrweg, sondern den Pfad, der links bergauf führt. Der kurze Rundweg führt an der Kapelle vorbei und wieder hierher zurück.

Wieder an dieser Stelle angekommen, biegen wir nach links ab und gehen an der Straße Richtung Sachrang bis zur Müllner Alm.

Ausgangspunkt in 83229 Sachrang:
Parkplatz hinter der Müllner Alm, Aschach

ÖPNV:
Bushaltestelle „Naturdorf Abzweigung"

Wegbeschaffenheit:
Überwiegend gute Wanderwege und Forstwege, kurze Strecke auf Asphalt. Kurzer steiler Steig, bei Nässe vor der Wildbichl Alm sehr matschig und rutschig. Bei Schnee ist der Aufstieg nicht geräumt.

Am Weg:
„Zauberwald", Wildbichl Alm, Inntalblick, besonderer Grenzstein, Ölbergkapelle

Einkehr:
Müllner Alm, Wildbichl Alm, Café Susal am See

Sachrang

Prien

St 2093

Müllner Alm

Ölbergkapelle

Café Susal

besonderer
Grenzstein

Wildbichl Alm

Zauberwald

Walchentaler Bach

0   100   200   300 m

Almidylle rund um die
Wildbichl Alm

▸ Während anderswo in den Alpen bis heute Skischaukeln geplant und gebaut werden, sind die Sachranger einen anderen Weg gegangen. Natürlich haben sich viele von einem Ausbau des Geigelsteins zu einem Wintertourismusgebiet ein finanzielles Auskommen erhofft. Doch die anliegenden Dörfer Sachrang und – auf der anderen Seite des Berges – Schleching haben sich anders entschieden: Der Geigelstein liegt heute in einem Naturschutzgebiet, die Dörfer gehören zu den sogenannten „Bergsteigerdörfern". Es geht ihnen darum, Bergtourismus im Einklang von Natur und Mensch zu leben. Ganz bewusst soll es hier langsamer, leiser und achtsamer zugehen. Und respektvoller.

▷ *Was bringt die Menschen dazu, in die Berge zu gehen? In Japan gibt es ein Sprichwort: „Berge werden nicht geliebt, weil sie hoch, sondern weil sie von Bäumen bewachsen sind."*

In Japan ist „Shinrin Yoku", das Waldbaden, eine Studienrichtung an den Universitäten. Schon seit vielen Jahren beschäftigt sich die Wissenschaft damit, die Wirkung des Waldes auf den Menschen zu erforschen: Ein gestärktes Immunsystem, Stressreduktion, Entspannung und die Senkung des Blutdrucks sind die nachgewiesenen Reaktionen des Körpers auf einen Waldbesuch.

Und dabei geht es nicht um Sport und Leistung, sondern um den bewussten und meditativen Aufenthalt in der Natur. Es geht darum, aufmerksam zu sein: zu riechen, fühlen, schmecken, hören, tasten. Wissenschaftler in den USA haben nachgewiesen, dass Menschen mit Blick auf Bäume besser gesunden als Patienten, die auf eine Mauer sehen. Die Gesundung verläuft schneller und schmerzfreier. Das heißt, dass es für den Menschen schon heilsam ist, wenn er nur in die Natur schauen kann. Das Grün, die Blätter, die im Wind wehen, die Vögel, die ein und aus fliegen, der Wandel der Jahreszeiten, die Blüten und Früchte: Wald ist Heilung!

▸ Wald ist Heilung. In dem Spiel aus Licht und Schatten, aus Werden und Vergehen können wir die Welt verstehen, wir können aber auch einfach wie die Kinder in sie eintauchen und einfach im besten Sinne „gedankenlos" annehmen, was ist. Als ich noch klein war, sind meine Eltern oft mit uns in den Wald gegangen. Dort sind wir, wann immer möglich, von den Wegen abgewichen und haben uns einfach treiben lassen. So wie damals vergessen auch Andrea und ich oft die Zeit, wenn uns der Wald in seinen Bann zieht.

Im märchenhaften „Zauberwald"

Links: Die Schlange auf der
Eberesche
Rechts: Ein Bäumchen
wächst auf dem Findling.

▷ Die Erkenntnisse der japanischen Waldbaden-Forscher sind wenig überraschend. Ich bin in Tirol aufgewachsen und wenn ich Probleme hatte oder mich nicht gut fühlte, sagte meine Oma: „Geh in den Wald, Mädl, dann geht es dir besser!" Von Kindheit und Jugend an war die Natur ein wichtiger Bestandteil meines Lebens und ich könnte mir nicht vorstellen, in einer Großstadt zu leben.

Überall in den Alpen ist es für die Menschen auch heute noch nahe-liegend, in die Natur zu gehen, um Heilung zu finden. Was sich aller-dings verändert hat, ist die Art, wie sie das tun. Mehr und mehr nehmen sie dabei den Stress des Alltags mit: schneller, höher, weiter. Das Ziel ist immer mehr die körperliche Leistung und nicht die Begegnung mit der Natur.

„Die einen werden durch einen Baum zu Freudentränen gerührt, für die anderen ist er nur etwas Grünes, das im Weg steht. Für die einen ist die Natur lächerlich und missgestaltet, andere nehmen sie nicht einmal wahr. Doch für den, der Fantasie hat, ist die Natur die Fantasie selbst." Ich kann dem Schriftsteller und Naturmystiker William Blake nur recht geben: Diese Art von Fantasie ist mir die liebste.

Und so halte ich auf dem ersten Stück des doch recht steilen Weges in Richtung Wildbichl Alm staunend inne: In einer Kurve steht eine Eber-esche und es sieht aus, als würde sich um ihren Stamm eine Schlange wickeln. Der dicke Ast eines Efeus schlängelt sich hinauf wie an dem

Paradiesbaum. Nur wenige Schritte weiter wächst auf einem Findling eine kleine Tanne auf einem riesigen Stück Rinde. Die Natur bringt Wunder hervor und wenn wir bereit sind, sie zu sehen und aufzunehmen, dann sind wir verbunden mit allem, was ist. Dann können wir uns heilen und heilen lassen. Es braucht dazu nicht mehr als Achtsamkeit.

▸ Hinter der saftig grünen Wiese verlassen wir den breiten Weg und steigen einen schmalen Pfad bergauf. Wenn meine Füße über Wurzeln und Steine steigen dürfen, fühlen sie sich anders an. So als wären sie meine Augen und als würde ich alle Vorsicht und alles Vorausschauen an sie abgeben können. Ich bin nie geerdeter als auf solchen Pfaden und ich empfinde in diesen Momenten kaum Anstrengung. Auch das ist wissenschaftlich erwiesen: dass der Wald uns so viele ätherische Öle schenkt, die unser Atmen leichter machen und uns Energie und Kraft geben.

▷ *Wir verlassen den Wanderweg und es ist mir, als ob mich etwas packt – eine Hinwendung und Ergriffenheit, die ich immer dann spüre, wenn ich an einen Kraftplatz komme. Und dieser wird – wie ein „Zauberwald" – von Naturwesen bewohnt. Es ist, als ob Zwerge, Trolle und Elfen überall hervorschauen. Die Sonne wirft mystische Schatten durch die Blätter auf den Waldboden, Licht und Dunkel wechseln sich ab. „Komorebi", die Japaner haben nur ein einziges Wort für diese Stimmung im Wald – wir brauchen dafür ganze Sätze.*

Ich lasse mir Zeit, will diesen Ort ganz und gar in mich aufnehmen. Die Steine begreifen, sie wie Freunde begrüßen und berühren. Ich streune herum, mache Fotos, sehe das Licht und die Schatten. Bäume und Steine umarmen sich, sie halten sich und gehen Symbiosen ein. Das alles hat eine eigene Ästhetik: Kunstwerke aus weißem Stein und bemoosten Bäumen. Ich fühle mich wie ein Teil des Waldes. Da ein Gesicht im Stein, da ein Troll, ein Zwerglein, das hinter einen Felsen huscht, eine Elfe, die in einem Sonnenstrahl tanzt. Nikola redet mit mir, aber es ist, als ob ich weit weg wäre.

▸ Andrea reagiert nicht, aber das macht nichts, ich kann ihr auch nachher noch zeigen, was ich in der Ferne im Wald entdeckt habe. Es sieht aus wie ein Hirsch mit rotem Fell, der gerade zum Sprung ansetzt. Und auch, wenn ich beim zweiten Hinschauen

Wie ein Hirsch im Sprung sieht diese Wurzel aus.

erkannt habe, dass es sich um eine speziell geformte Wurzel handelt, sehe ich vor meinem inneren Auge das stolze Tier durch den Wald springen. Zweimal ist mir ein Hirsch bisher in freier Wildbahn begegnet, beide Male in besonderen Übergangszeiten. Inzwischen weiß ich, dass er als heiliges Tier der Kelten gilt, deren Gott Cernunnos ein Geweih trägt. Sein Bild hat sich bis heute in dem Hirsch erhalten, der den heiligen Hubertus begleitet.

▷ *Welch ein Wunder die Natur uns bietet und wie viele Möglichkeiten es gibt, Erholung, Entspannung, Kunst, Kultur und Abenteuer in ihr zu finden. „Denn wahrhaftig steckt die Kunst in der Natur. Wer sie heraus kann reißen, der hat sie." Die Aussage des Malers Albrecht Dürer begleitet mich aus dem Wald hinaus und auf die steilen Wiesen in Richtung Alm.*

Der Ausblick in meine Heimat verzaubert mich. Über das Inntal hinweg sehe ich nach Kufstein, die Grenzstadt am grünen Inn. Und von ganz weit hinten leuchtet der Stubaier Gletscher zu uns herüber.

▸ Es ist beeindruckend, hier oben zu stehen und über die sanft abfallenden Hügel hinunter ins weite Inntal zu blicken, hinter dem sich der Alpenhauptkamm erkennen lässt. Links zeigt sich der Zahme Kaiser, rechts gegenüber von Kufstein steht der Pendling, nördlich davon blicken wir zum Mangfallgebirge. Es ist ein Ort, um zu verweilen und zu schauen. Als wir an zwei Ahornbäume kommen, die rechts und links des Weges stehen, darunter ein kleines Kreuz und eine Bank, packen wir unsere Brotzeit aus.

▷ *Wir sind ergriffen von der Natur und reden nicht viel. Sitzen, essen, schauen und staunen.*

„Das Blatt eines jeden Baumes trägt eine Botschaft aus der unsichtbaren Welt. Und sieh, jedes fallende Blatt ist ein Segen." Der Spruch des Sufi-Dichters Rumi trifft mich ins Herz. Die Liebe zur Natur ist in allen Religionen und Kulturen überliefert und niedergeschrieben. Und so sind wir immer und alle Zeit mit allem verbunden. Ich blicke in den Himmel, zu den Bergen und den grünen Wiesen und fühle mich gänzlich zufrieden und glücklich.

▸ Auf dem Weg bergab gehen wir auf Tiroler Gebiet, aber die Menschen auf beiden Seiten dieser Grenze haben über die Jahrtausende das gleiche einfache, karge Leben geführt und die Almen bewirtschaftet. Ich habe

Der Zahme Kaiser im Nebel

Die Ölbergkapelle steht am Waldrand südlich von Sachrang.

immer geglaubt, dass es früher viel mehr Wald gegeben hätte. Aber das Gegenteil ist der Fall: Nicht nur zum Heizen und Bauen, sondern vor allem für das Verhütten von Erz wurde so viel Holz gebraucht, dass vom Wald zeitweise nicht viel übrig geblieben ist. Erst der technische Fortschritt hat es mit sich gebracht, dass der Wald sich erholen konnte, weil die Bäume nicht mehr zum Verfeuern gebraucht wurden. Eine interessante Erkenntnis. Aber wie immer im Leben hat alles eben zwei Seiten.

▷ *Die Ölbergkapelle steht auf einer Waldlichtung und im ersten Moment kann ich nicht erkennen, ob die Felsen eingearbeitet sind oder frei stehen. Wir müssen uns nähern, um zu sehen, dass sie wirklich Teil der Kirchenwand sind. Ich bin fasziniert: Bäume, Felsen, Kirche – alles scheint eins zu sein. Das mystische Innere reicht über zwei Etagen. Die dunkle Holzdecke ist mit Symbolen wie Sonne und Mond bemalt und diese zeigen uns, dass hier die alten Kulturen und das Christliche zusammengefunden haben. Jesus betend auf dem Ölberg: In der Nacht vor seinem Tod hat auch er sich in die Natur auf einen Berg zurückgezogen, um Trost und Kraft zu finden.*

▸ Der Legende nach soll die Ölbergkapelle in ihrer christlichen Tradition schon auf den heiligen Rupert, den ersten Bischof von Salzburg, zurückgehen, also auf das 6. Jahrhundert. Es heißt, hier habe es bereits zuvor ein Quellheiligtum gegeben. Tatsache ist, dass man in der Nähe der Kapelle Kupferbeile gefunden hat, die zwischen 4.000 und 5.000 Jahre alt sind. Der sanfte Übergang zwischen Chiemsee und Inntal, auf dessen Höhe die Kapelle steht, war mit Sicherheit schon sehr früh ein Teil des alpinen Handelsnetzes.

Eine Wallfahrt zur Ölbergkapelle ist erstmals für das 17. Jahrhundert belegt. Das Kirchlein verfiel jedoch und wurde erst 1827 wieder geweiht, nachdem es von Peter Huber, dem berühmten Sachranger „Müllner-Peter" nach dem Tod seiner Frau wiederaufgebaut worden war. Das Universaltalent sorgte nicht nur dafür, dass die Sachranger Schule eine feste Lehrkraft bekam, als Laienheiler kümmerte er sich auch um die Gesundheit von Mensch und Vieh. Und mit der Ölbergkapelle schuf er ohne die Erlaubnis der Kirche einen Ort, zu dem die einheimische Bevölkerung mit ihren Sorgen und Nöten kommen konnte.

Wahrscheinlich hat der Müllner-Peter, der Heiler, damals schon gewusst, was heute erst aufwendige Untersuchungen belegen müssen, damit es der moderne Mensch wieder glaubt: Die Natur heilt.

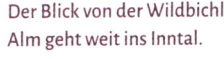

Der Blick von der Wildbichl Alm geht weit ins Inntal.

Ritual
Waldbaden und Naturduschen

Geh in den „Zauberwald" und beobachte dich selbst, wie du dich den Bäumen und der Natur näherst. Kannst du besondere Lichtstimmungen wahrnehmen? Hast du das Gefühl, du kannst etwas erahnen oder erspüren? Welcher Baum spricht dich an, welche Pflanze fällt dir auf? Wie riechen die Wiesen? Wo möchtest du dich hinsetzen? Was tut dir gut? Welchen Stein möchtest du berühren?

Gehe ganz bewusst in den Kontakt mit dem Wald, seinen Gerüchen, seinen Geräuschen, seinen Naturwesen, seinem Licht und seinen Stimmungen. Stelle dir vor, der Wald ist Heilung und du bist dabei, deinen ganzen Körper mit seiner wohltuenden Energie zu füllen. Alles, was dir guttut, kannst du mitnehmen und für dich nutzen, ohne nur einen Euro zu bezahlen. Die Natur stellt dir bereitwillig alles zur Verfügung: entspannende Ruhe, gute Luft, schöne Blätter, köstliche Beeren, würzige Pilze, bunte Blumen, heilende Wurzeln, magische Steine, inspirierende Tiere und Vögel. Bade im Wald! Heile deinen Körper!

Stillleben im Wald

Der Weg der Kräfte
Von Hohenaschau zum Schoßrinn-Wasserfall

09

3 h Gehzeit

10,5 km Länge

167 hm **leicht**

Das Wasser sammelt sich in einem Becken unter der Felswand.

Diese Wanderung folgt der Prien, dem Gebirgsfluss mit dem keltischen Namen. Wir bewegen uns auf uralten Handelswegen durch ihr Tal und folgen dem Fluss bis zu unserem Ziel, dem Schoßrinn-Wasserfall. Er bietet ein außergewöhnliches Schauspiel und ist ein besonderer Kraftplatz. Als heiliger Ort für Frauen, wie ihn alle nennen, zeigt er sich uns allerdings nicht.

Wegbeschreibung:

Auf der Schlossbergstraße überqueren wir die Prien und biegen an der T-Kreuzung nach links in die Zellerhornstraße ein. Hinter der Brücke über den Steinbach steht eine Nepomuk-Figur. Dort beginnt der Abstecher zum Steinbach-Wasserfall. Dafür folgen wir der Straße „Am Rabenstein" bis zur Brücke über den Steinbach, davor nehmen wir den Pfad nach links am Bach entlang.

Wieder zurück am Nepomuk wenden wir uns nach rechts. Von hier hat man einen schönen Ausblick zurück nach Hohenaschau. Gleich rechts beginnt der zweite kurze Abstecher bis oberhalb der Kettenkapelle.

Nach diesem Ausflug wandern wir auf der kleinen Straße nach rechts an der Kettenkapelle und der Prienklamm vorbei zum Ortsteil Bach. Dort gehen wir bis zur Prien-Brücke und wenden uns davor nach rechts, den Schildern des Priental-Wanderweges folgend.

In Einfang überqueren wir eine kleine Straße, die nach rechts Richtung Einfang-Wasserfall führt. Der Weg dorthin ist allerdings versperrt, also gehen wir hier geradeaus. Im Wald steht links des Weges eine Bank und dahinter betreten wir den zauberhaften „Hexenwald".

Ein steinerner Freund im verzauberten Wald

Aschau

Schlosseinkehr Kampenwand

Schlosskapelle

Alpengasthof Brucker

Schloss Hohenaschau

Nepomuk-Figur

Prien

Steinbach-Wasserfall

Kettenkapelle

Aussicht in die Prienklamm

Aussicht in die Prienklamm

Gasthof zur Klause

Prien

St 2093

Einfang-Wasserfall

Floderbach

Hexenwald

ßrinn

Schoßbach

0   100   200   300 m

Anschließend wandern wir auf dem breiten Weg, bis wir in Schoß-rinn vor einer kleinen Brücke rechts abbiegen, um den Wasserfall zu besuchen.

Auf dem Rückweg nehmen wir diese Brücke vom Wasserfall kommend nach rechts. Über eine weitere Brücke überqueren wir die Prien und wenden uns gleich danach nach links und wandern am Fluss entlang in Richtung Aschau zurück.

Über die zweite Brücke überqueren wir die Prien erneut und kommen wieder nach Einfang. Dort biegen wir an der Kreuzung nach rechts ab und gehen wieder zurück nach Bach. Dort wechseln wir wiederum die Flussseite und wenden uns gleich nach der Brücke nach links. Auf dem „Forstrat-Jäger-Weg" wandern wir nach Hohenaschau zurück.

**Ausgangspunkt in
83229 Aschau:**
Parkplatz an der Festhalle
Hohenaschau, Schlossberg-
straße

ÖPNV:
Haltestelle „Schlosseinkehr
Kampenwand"

Wegbeschaffenheit:
Kleine Asphaltsträßchen,
Forstwege, schmale Pfade auf
den Zugängen zu den Wasser-
fällen. Priental-Wanderweg im
Winter geräumt.

Am Weg:
Wasserfall am Steinbach,
Kettenkapelle, „Hexenwald",
Schoßrinn-Wasserfall, Schloss
Hohenaschau

Tipp:
Schloss Hohenaschau mit
Prientalmuseum und Falknerei

Einkehr:
Alpengasthof Brucker, Gasthof
zur Klause, Gastronomie Aschau

Für das Ritual:
Schreibzeug

▸ An der Nepomuk-Statue, die an der Brücke über den Steinbach steht, sind es gleich zwei Orte, die uns von der Prien weglocken: der Steinbach-Wasserfall bei Hammerbach und die Anhöhe am Rabenstein oberhalb der Kettenkapelle. Wir folgen zunächst dem Sträßchen nach rechts und kommen bald zu einem großen Felsen links des Weges und davor zu einem kleinen Bachlauf, der an manchen Tagen nur ganz wenig Wasser führt. Aus dem Spalt im Fels tritt Wasser aus und es sieht so aus, als wäre im Stein eine Quelle.

Das Kalkgestein der hiesigen Berge ist manchmal ausgehöhlt und durchsetzt von unterirdischen Rinnen. Die Prien verschwindet im Oberlauf an trockenen Tagen manchmal sogar ganz, fließt in den kalkigen Höhlen weiter und taucht dann später wieder auf. So ähnlich ist es hier auch, der Fels ist zersetzt von Spalten und Löchern. Ich bin fasziniert davon, wie das Wasser sich stetig seinen Weg bahnt und wie es immer an sein Ziel kommt. Es wirkt so nachgiebig und so weich, doch dieser große Felsen war weicher.

Anschließend machen wir es dem Wasser nach und folgen nicht den vorgezeichneten Wegen, sondern suchen uns unseren eigenen am Steinbach entlang aufwärts. Der Pfad zeigt uns, dass hier immer wieder Menschen unterwegs sind – und so

Neben dem alten Handelsweg ist die Kapelle in den Felsen gebaut.

Wer diese Strasse hier vorüberzieht,
Ob bei Tage – ob bei Nacht,
Von St. Christof sei er treu bewacht.
Und denk an seines Lebensweges letztes Ziel,
Und steh in Demut eine kleine Weile still –
Und bete –
Zu St. Maria „auf der Kette."

Diese alte Felsenkapelle wurde neu errichtet im
November 1913. vom Besitzer des Walpurgishof

Spruch und Kette neben der Kapelle

wie steter Tropfen den Stein höhlt, so haben sie mit der Zeit einen kleinen Weg getreten. Er endet erst unter einer steil aufragenden Felswand. Wie von einem kleinen Aussichtsbalkon können wir von hier das Schauspiel beobachten: Ein Stück entfernt springt das Wasser über die Kante herab in ein weit gewölbtes Becken. Auch wenn wir nicht bis dorthin gehen können, verfehlt das Naturphänomen seine Wirkung doch nicht. In zwei Strahlen fällt das Wasser und dabei wirkt es irgendwie weich, so als wandle das Becken alle Geschwindigkeit in Sanftheit um. Mit diesem Eindruck wandern wir an dem plätschernden Bach entlang wieder zurück zur Straße.

▷ *Das Straßenschild hat sofort meine Aufmerksamkeit erregt: „Am Rabenstein". Dort, wo die Raben sind, ist Magie und dort, wo Magie ist, sind die Hexen, denke ich und steige durch den Wald hinauf. Auf der Anhöhe angekommen, führt der Weg nicht weiter. Vor uns geht es steil nach unten und wir vermuten, dass genau unter uns die Kettenkapelle liegen muss. Ein magischer Ort, etwas verwildert, aber mystisch. Es raschelt über uns in den Baumkronen, ein kehliger Schrei ertönt und ein Rabe erhebt sich in die Luft.*

Zurück auf der Straße nähern wir uns nun der Kettenkapelle. Hier führte einst ein gefährlicher Wegabschnitt der Handelsstraße von und nach Aschau vorbei. So verwundert es nicht, dass die Arbeiter aus den Eisen-

hütten am Hammerbach zuerst eine Statue des heiligen Christophorus verehrten, des Patrons der Reisenden. Erst später kamen die Muttergottes und ein Schmerzensmann hinzu.

Neben diesem sitzt ein schwarzer Hund mit roten Augen. Die Legende erzählt, dass einst ein Hammermeister in einer Höhle links von der Kapelle Erz versteckt hatte. Als er es aber holen wollte, kam ihm ein schwarzer Hund mit roten Augen in die Quere. Von da an ward der Mann nie mehr gesehen. Ich schaue mich um und steige sogar links von der Kapelle nach oben zu einer kleinen Höhle, aber leider ist dort kein Schatz versteckt.

Auf einem Schild lesen wir, dass der kleine Andachtsort immer wieder ausgeraubt wurde. Selbst der schwarze Hund, der einst den Dieb bestraft hat, ist inzwischen mehrmals aus der kleinen Höhlenkapelle entwendet worden. Wir können es kaum glauben: Wer würde eine Kapelle im Wald ausrauben – und aus welchem Grund? Diese Frage beschäftigt uns auf unserem Weg in Richtung des nächsten Dorfes.

Die Prien umfängt uns mit ihrer Energie.

▸ Gegenüber der Kettenkapelle ist die Prienklamm mit Stahlseilen gesichert. Immer wieder ist es an dieser Engstelle zu Unfällen gekommen. Respektvoll schaue ich in die tiefe Schlucht hinab auf das türkisgrüne Wasser. Auf diesem Stück zwischen der Kettenkapelle und dem Ortsteil Bach ist die Prien ein echter Wildfluss. Er musste hier einen harten Felsenriegel überwinden, den das Wasser nicht so leicht aushöhlen konnte. Aber im Laufe der Jahrtausende bahnte es sich trotzdem seinen Weg, grub sich immer tiefer und bildete schließlich diese wilde Klamm.

Bald ist die Schlucht, durch die wir wandern, nicht mehr ganz so tief und schmal und wir können von der kleinen Straße zwischen die Bäume treten und von oben den leuchtend türkis schimmernden Fluss beobachten, der am Spitzstein in Tirol entspringt und im Schafwaschener Winkel in den Chiemsee mündet. Und wieder frage ich mich erstaunt: Was ist stärker, der Stein oder das Wasser?

Der Schoßrinn scheint sich in der Mitte zu teilen.

▷ Wir kommen an liebevoll gestalteten Gärten und Häusern vorbei – es ist eine friedliche und magische Energie spürbar in diesem Ort Bach. Eine

Überall sind Zeichen des Glaubens zu finden.

Katze kommt auf mich zu, sie will unbedingt gestreichelt werden und genießt ausgiebig meine Zuwendung. „Jetzt komm aber wieder heim", höre ich eine Stimme hinter uns. Die Katze läuft zurück und die Frau ruft uns nach: „Er ist so anhänglich, uns ist er auch nur zugelaufen." Ich lache in mich hinein: „Ja, Katzen suchen sich eben ihr Zuhause selbst aus." Wir winken uns zum Abschied zu und ich denke an die Hexen und ihre Verbindung zu den freiheitsliebenden Tieren. Auch die nordische Göttin Freya und die ägyptische Göttin Bastet haben die Katzen als Krafttiere, die für Unabhängigkeit, Urkraft und Selbstbestimmung stehen.

Und dann sind wir wieder an der Prien. Ihr Name soll sich vom keltischen Wort „Brigenna" ableiten: „die aus den Bergen Kommende". Das Wasser verbindet: Orte, Länder, Menschen. Und das Priental ist faszinierend und ursprünglich – die Prien ist für mich wie ein Seelen-Fluss.

Im Wald liegen Findlinge verstreut – mit Moos bedeckt, grün und weich. Ich klettere herum und möchte mich am liebsten niederlassen. Und da sehe ich plötzlich vor meinem geistigen Auge die Hexe – sie ist die

121

Links: „Ein Männlein steht im Walde…"
Rechts: Steinmännchen am Bachlauf

Heilerin. In ihrem Weidenkorb hat sie Eisenkraut gesammelt, dessen Zauberkraft schon die römischen Soldaten beschworen, um sich vor Verletzungen zu schützen. Sie wird daraus einen Trank brauen, um ihrer Nachbarin die Kopfschmerzen zu lindern. Daneben liegen in ihrem Korb Weidenrinde und Mädesüß, beide wirken wie natürliches Aspirin, und der magische Beifuß, auch Besen-, Jungfern- oder Sonnwendkraut genannt. Dieses wird sie trocknen und räuchern, damit es ihr hilft, sich mit der Anderswelt zu verbinden. Ich öffne meine Augen und gehe zu Nikola, um ihr von meinen Visionen von der wilden Frau zu erzählen.

▶ Unterhalb des Schoßrinns überholen wir zwei Frauen, die mit drei Kindern unterwegs sind. Einer der beiden Jungen kann seine Füße nicht bewegen, aber mit seinen Krücken ist er so geschickt, dass er allein über den steinigen Waldboden zum Wasserfall gelangt. Die anderen um ihn herum sind da, aber sie lassen ihn machen. Die drei Kinder lachen und spielen und alle fünf strahlen sie eine Verbundenheit aus, dass sie noch ihre Umgebung damit wärmen. Mit ihrer Liebe und ihrer Fröhlichkeit weichen sie das Schicksal auf wie das Wasser die Felsen.

▷ *Ich stelle mich so dicht wie möglich an den Wasserfall. Mit einem starken Strahl, der aus großer Höhe ins Becken fällt, erzeugt er eine Art*

Wirbelwind. Ich fühle mich tief verwurzelt und eins mit dem fallenden Wasser. Begeistert drehe ich mich um und rufe Nikola zu: „Komm, das musst du erleben!"

▸ Der Wasserfall ist faszinierend. Aber ich brauche einen Moment, um mich näher an ihn heranzuwagen. In den Schwaden, die das Wasser bildet, wenn es sich von oben hinunterstürzt, sehe ich eine nicht enden wollende Schar von weißen Geistern. Ich kann mich kaum losreißen von diesem Schauspiel – es ist aufregend und energetisierend. Und es flößt mir großen Respekt ein und so gehe ich nur zögerlich zu dem Becken, als Andrea mich ruft.

Dort zu stehen, fühlt sich an, wie im Zentrum eines Windes zu sein, er kommt von allen Seiten gleichzeitig, dazu die feinen Tropfen des Wassers. Die Wassergeister sind aus dieser Perspektive nicht mehr zu erkennen, enfalten nun aber ihre aktivierende Wirkung. Ein Gefühl von Stärke und Unabhängigkeit, von Tatendrang und Abenteuerlust durchströmt mich.

Andrea und ich sprechen oft darüber, was das eigentlich ist, das Weibliche und das Männliche. Ich bin der Ansicht, dass in jeder und jedem von uns das Potenzial für beides angelegt ist und wir die Möglichkeit haben, zu wählen. Aber eines ist sicher, dieser Ort erinnert mich nicht an einen Schoß, in dem ich in Geborgenheit und Wärme wachsen darf. Dieser Ort fordert mich auf, mit Macht in die Welt hinauszugehen, und er schickt mir Selbstbewusstsein und Mut mit auf den Weg.

▷ *Wenn der Schöpfer des in einen Baumstamm geschnitzten überdimensionierten Phallus neben dem Weg zum Schoßrinn ein Zeichen setzen wollte, hätte er sich das sparen können: Mit der Geborgenheit eines weiblichen Schoßes hat dieser Wasserfall nichts zu tun. Wir schließen uns denen an, die glauben, dass sich der Name Schoßrinn von den Schussrinnen der Wasserräder ableitet.*

Ich blicke auf die andere Seite des Baches und da steht sie wieder, die Hexe. Sie lacht mir zu und winkt. Sie sendet uns ihre Kraft über das Wasser zu und fordert uns auf, weiterzugehen, zu erzählen, zu heilen und die Frauen zu stärken. So weich und gleichzeitig formgebend zu sein wie das Wasser.

Ritual
Kreativ schreiben am Schoßrinn

Suche dir einen Platz in der Nähe des Wasserfalls und lass dich von der Kraft und der Wucht dieses Naturphänomens inspirieren.

Nimm einen Stift und Papier in die Hand, denke nicht, schreibe einfach. Achte nicht auf Rechtschreibung, Stil oder Grammatik. Es geht nicht um Ästhetik, sondern es geht um ungefilterte Authentizität. Es geht um dich und dein Inneres. Was dieses Innere durch deinen Körper und deine Hand, die den Stift führt, ausdrückt, ist richtig und gut. Bewerte es nicht, sondern lass es einfach kommen.

Ob du ganze Sätze schreibst oder nur Wörter, es ist richtig. Lass es fließen, so wie der Wasserfall es dir vormacht. Nimm den Stift am besten gar nicht vom Papier, sondern schreibe so lange, wie deine Hand sich bewegt, weil die Wörter einfach kommen.

Ob du das Geschriebene anderen zeigen oder mit ihnen besprechen möchtest, entscheidest du ganz alleine. Wichtig ist, dass du es zunächst auf dich wirken lässt, es nicht zerredest und vor allem nicht bewertest. Was auch immer es ist, das du schreibst, es ist eine Botschaft aus dem Kern deines Selbst, eine Begegnung mit dir selbst, die dieser kraftvolle Ort dir bereitet.

Die Gischt des Wasserfalls bricht sich an den Felsen.

Der Weg der Verbundenheit
Über Höhenberg zum Bärnsee und zur Abendmahlkapelle

3 h Gehzeit

7,7 km Länge

360 hm leicht

Blick von Höhenberg
nach Aschau

Herzallerliebst ist ein Wort, das uns normalerweise nicht so leicht über die Lippen kommt: Aber für die Abendmahlkapelle ist es einfach die passende Beschreibung. Wirkt die Kapelle doch wie ein Zuhause mitten im Wald, ein Zuhause nicht nur für Wanderer und Gläubige, sondern auch für deren Verstorbene. Es ist, als könnten dort alle gemeinsam am Tisch sitzen, als hätte die Kapelle deshalb ihren Namen. Der Weg dorthin führt uns über Höhenberg und durch das Moor rund um den Bärnsee unterhalb des Göttersberges.

Wegbeschreibung:

Am Café Pauli vorbei gehen wir hinauf nach Höhenberg. Im Dorf biegen wir zunächst nach rechts zur ehemaligen Wallfahrtskirche Heilig Kreuz ab. Im Anschluss an den Besuch kehren wir zu der Kreuzung zurück, an der eine Infotafel steht, und wenden uns nach rechts, um gleich wieder rechts abzubiegen und aus dem Ort hinauszuwandern. Bergab gehen wir zum Moor und wandern links um es herum. Über eine Wiese geht es hinauf bis zu einem breiten Weg, in den wir nach rechts abbiegen. Anschließend folgen wir an einer Kreuzung den Schildern nach rechts und nutzen danach die erste Gelegenheit, zum Moor hinunterzugehen, selbstverständlich, ohne den geschützten Bereich zu betreten.

Den Rundweg verlassen wir an der Stelle, an der links eine kleine Straße zur Hauptstraße führt. Auf diese wandern wir zu, überqueren sie und wenden uns nach links Richtung Bernau. Auf dem Fahrradweg wandern wir bis zur nächsten Abzweigung und dort nach rechts Richtung Wiesen, Reit und Gschwendt. Diese Straße wandern wir für 300 Meter bergauf, bis wir eine Rechtskurve erreichen. Hier nehmen wir den zweiten Weg nach rechts, dort, wo genau gegenüber ein Sträßchen nach links abzweigt. So erreichen wir eine größere Kreuzung im Wald, an der wir uns nach rechts wenden. So erreichen wir die Abendmahlkapelle.

An einem Baum ist eine Spirale zu erkennen.

Blick
über das Moor

Bärnsee

Heilig-Kreuz-Kirche

Höhenberg

Moor

Feldkapelle

Café Pauli

Abendmahlkapelle

Moorschwimmbad
Aschau

A 8

Aschau

N

0 200 400 m

Von dieser kommend gehen wir nun nach links und folgen dem Kreuzweg bergab bis zu einer Abzweigung nach rechts Richtung Bucha. Parallel zur Hauptstraße gehen wir auf der Dorfstraße nach rechts und anschließend auf dem Fahrradweg wieder bis zu der Kreuzung, an der wir schon einmal die Straße überquert haben.

Wir gehen wieder Richtung Bärnsee und nun nach links weiter auf dem Rundweg. Den Schildern folgen wir zurück bis zum Moorbad.

**Ausgangspunkt in
83229 Aschau:**
Moorschwimmbad Aschau,
Höhenberg 1

ÖPNV:
Haltestelle „Aschau Schwimmbad"

Wegbeschaffenheit:
Kurze Passagen auf Asphalt, breite Wanderwege, Holzbohlenwege durch das Moor. Im Moor sind die Wege oft sehr matschig und nass. Bei Schnee nicht geräumt.

Am Weg:
Kirche Heilig Kreuz in Höhenberg, Bärnsee und Moor, Abendmahlkapelle

Einkehr:
Café Pauli

Tipp:
Bei schönem Wetter Badesachen für das Moorschwimmbad mitbringen.

Für das Ritual:
Behältnis für das Heilwasser, wasserfester Stift, Schreibzeug, evtl. Reißnagel oder Klebestreifen, wenn man etwas vorbereitet hat, das man in der Abendmahlkapelle lassen möchte

▷ Bei wärmerem Wetter hätten wir uns sicher dem heilenden Moorwasser im Naturschwimmbad hingegeben, aber auch eine Wanderung durch das Moor verheißt uns Heilung. Am Steg gegenüber fließen der klare Bergbach und das goldene Moorwasser zusammen. Fasziniert sehe ich zu, wie sich die beiden Gewässer mischen und in einem abgeschwächten Gelbton weiterfließen: eine wunderschöne Symbiose.

Auf dem Weg hinauf zum Höhenberg kommen wir an einer Feldkapelle vorbei, die von zwei Linden flankiert wird: der Baum, unter dem gefeiert, aber auch Gericht gehalten wurde, in Verbindung mit einem christlichen Ort. Auch hier lädt eine Bank unter der Linde dazu ein, zu verweilen und die Aussicht in das Aschauer Priental zu genießen. In der Kapelle steht eine weiß gekleidete Madonna mit blauem Mantel, die das Jesuskind auf dem Arm hält. Die Muttergottes ist allgegenwärtig in Bayern und die kleinen Bildstöcke und Kapellen sind immer mit Kerzen und frischen Blumen geschmückt.

Auf dem Höhenberg angekommen, sehen wir wieder eine mächtige Linde, diese beschützt die kleine Heilig-Kreuz-Kirche. Umgeben von einer grünen Wiese, friedlich und beschaulich liegt sie zwischen zwei Bauernhöfen. Ich schaue durch das Gitter in die Kirche hinein und bin erstaunt, als ich zwei wunderschöne gotische Flügelaltäre erblicke.

Impressionen am Moor

▸ Die Bauersfrau vom Nachbarhof grüßt uns freundlich, als wir auf die kleine Kirche zugehen. Das Gotteshaus wirkt irgendwie einsam, so als würde es gemieden. Hohes Gras wächst rundherum auf der Wiese – offenbar kommen nicht oft Besucher hierher.

Dabei ist die Heilig-Kreuz-Kirche ein kunsthistorisches Kleinod und war einst sogar ein Wallfahrtsziel. Doch inzwischen ist sie leider fast immer verschlossen und öffnet nur hin und wieder für besondere Gottesdienste. Sechsmal im Jahr bietet der örtliche Heimat- und Geschichtsverein eine Führung an und zeigt den Besucherinnen und Besuchern die 500 Jahre alten original erhaltenen gotischen Flügelaltäre und den Hochaltar.

Der Ort, auf dem die Kirche steht, ist Schauplatz einer interessanten Sage: Einst soll es genau zwischen dem Höhenberg und dem Göttersberg – dort, wo heute der Bärnsee liegt – ein Nonnenkloster gegeben haben. Aber die Nonnen waren eitel und gar nicht fromm. Statt in Anbetung in ihrem Kloster zu bleiben, putzten sie sich lieber heraus und ließen sich im nahen Aschau sehen. Nur eine von ihnen blieb zurück. Sie nahm das Heilige Kreuz aus der Klosterkapelle und ging damit den Hügel hinauf zur Kirche von Höhenberg und weinte um ihre Mitschwestern. Als sie zurückkehren wollte, musste sie feststellen, dass an der Stelle, an der eben noch das Kloster gestanden hatte, nun plötzlich ein See war, umgeben von einem dunklen Moor.

Mir scheint es fast so, als könnte diese Legende auch heute noch etwas zu sagen haben. Denn so wie den Nonnen, die nur auf Schönheit und Schein aus waren, ihr Kloster abhandengekommen ist, so kommen der kleinen Kirche, die nur noch musealer Raum ist, die Menschen abhanden.

▹ *Und dann erreichen wir das Moor, das laut Sage so plötzlich entstanden sein soll. Holzstege führen uns hindurch. Wie immer, wenn ich ein Moor betrete, überkommt mich ein Gefühl von Ruhe und Gelassenheit. Alles beginnt und endet und alles ist geführt und gelenkt. Ich kann mich vertrauensvoll in dieser Ruhe bewegen.*

Die Farben des Moores und der Ausblick auf die nebelverhangenen Berge, darüber aufgetürmte Wolken und eine durchscheinende Sonne: Alles wirkt wie aus einem Märchen, wie eine riesige Burg, die sich über den Bergen aufgebaut hat. Die glänzende Burg der Wilden Fräulein –

Über Holzbohlen geht es durch das Moor.

nicht in den Fels gehauen, sondern in den Himmel geschrieben. Dieser Anblick entschädigt dafür, dass wir an diesem Tag die Kampenwand und die Aschauer Berge nicht sehen können.

Wir hören die nahegelegene Autobahn, doch die Geräusche stören nicht – das Moor verlangt alle Aufmerksamkeit. Wir wandern über einen Hügel nach oben und ich bin in meine Gedanken versunken. „Da liegt Göttersberg!" Nikola zeigt in die Richtung und ich folge ihrem Blick und es wundert mich nicht, dass hier ein Ort so heißt: Die mystische, fast schon heilige Stimmung am Moor hat mich gefangen genommen.

▸   Der kleine Wald am Fuße des Göttersberges, auf dem der gleichnamige Ort liegt, ist so mystisch wie der Name vermuten lässt. Ich verlasse den Weg, weil etwas meine Aufmerksamkeit erregt hat. Kaum habe ich einen Schritt in den Wald gemacht, schrecke ich auch schon zurück. Auf einem grün bemoosten

131

Baumstumpf liegt unbeweglich ein kleiner schwarz-gelber Drache: ein Feuersalamander. Auch dieses Mal stoße ich unwillkürlich einen kleinen Schrei aus und da höre ich ein leises Lachen. Ich schaue mich nach Andrea um, aber sie ist schon weitergegangen. Mein Blick fällt auf den Salamander und ich flüstere ihm zu: „Warst du das?"

▷ *Wir weichen vom Wanderweg ab, um das Ufer des Moores zu erkunden. Ich schaue mich um und entdecke eine Spirale, die jemand in einen Baum geritzt hat, und Nikola zeigt mir ein Männchen, das sie auf einem Stamm erkannt hat. Der Blick zwischen den Bäumen hindurch auf das Moor lässt dahinter den glänzenden Bärnsee erahnen. Angeblich begegnen die Einheimischen dem See respektvoll. Manche finden ihn düster und unergründlich und manchmal könne man ihn sogar rufen hören: „Ergründest du mich, so schlünde ich dich!"*

Ich kann davon nichts wahrnehmen. Für mich wirkt dieser Ort zwischen den Bäumen ruhig und meditativ – wie ein Platz, an dem die Sonne und ihre strahlende Kraft verehrt wurden. Auch weil mir am Weg eine Pflanze auffällt, die zwar feuchte Böden liebt, aber auch mit dem Sommer und der Sonne in Verbindung gebracht wird: das Echte Mädesüß. Nicht nur ihr süßlicher Duft, auch ihr Aussehen ist bezaubernd: die rotgefärbten Stängel und die kleinen cremefarbenen, flockigen Blüten. Der besondere Duft kommt vom Salicylaldehyd. Diese Pflanze ist ein natürliches Mittel gegen Schmerzen und Fieber und wurde

Links: Die Blüten des Mädesüß duften stark. Rechts: Ein Männchen zeigt sich.

deshalb auch von den Kelten verehrt und geschätzt. Der Name „Aspirin" leitet sich übrigens von dem ihrem volkstümlichen Namen „Spierblume" ab, der vom lateinischen Wort für Spirale herrührt: „spirea".

Der Blick durch die Bäume ins Moor lässt dahinter den See erahnen.

Wir verlassen nun den Bärnsee und das Moor, um auf der anderen Seite der Straße am Haindorfer Berg die Abendmahlkapelle zu besuchen. Der kleine Bach im Wald, an dessen Ufer wir hinauf wandern, bildet ein einzigartiges Bachbett mit kleinen Becken, die das Wasser in dem Gestein geformt hat. Ich setze mich an sein plätscherndes Nass und überlasse mich seiner Energie: Überall, wo Wasser im Spiel ist, geht es um Fühlen und Spüren, es kann uns unsere Gefühle aufzeigen, sie widerspiegeln, aus- und auflösen.

Nikola bleibt zurück und so nähere ich mich der kleinen grünen Kapelle im Wald zuerst allein. Es überkommt mich ein Gefühl von tiefer Rührung. Ich lächle und strahle – ohne dass ich es steuern könnte. Ich bleibe stehen und sammle mich etwas und erst dann trete ich andächtig in den Raum.

Und ich traue meinen Augen nicht. In der Kapelle sieht es aus wie in einem Wohnzimmer: rote Sitzpolster, Zeichnungen, unterschiedliche Mariendarstellungen, Sterbebildchen, Spielzeuge. Ich kann auf Anhieb gar nicht alle Eindrücke verarbeiten und nehme mir die Zeit, um mich *umzuschauen. Erst dann setze ich mich auf eine Bank und mir fällt nur ein Wort ein: herzallerliebst!*

▸ Als die Abendmahlkapelle vor mir auftaucht, bin ich ein bisschen erschöpft und fühle mich unter Druck, weil wir nicht auf Anhieb den richtigen Weg gefunden haben. Und nun bin ich fast enttäuscht: Es ist alles sehr schattig und dunkel hier, das Häuschen wirkt auf mich nicht wie eine Kapelle, sondern eher wie eine größere Gartenlaube. Andrea ist schon oben und nun kommt sie heraus, um mir entgegenzuschauen. „Es ist herzallerliebst", sagt sie. Und da sie so etwas sonst nie sagt, bin ich mir sicher, dass sie es ironisch meint und dass mich irgendein Kitsch erwartet.

Aber sie hat nicht zu viel versprochen: Eine Kapelle wie diese habe ich tatsächlich vorher noch nie besucht. Spielzeug liegt herum, Sitzpolster, Bücher. Ein Vers aus dem Matthäusevangelium fällt mir ein: „So kommt doch alle zu mir, die ihr euch abmüht und belastet seid: Ich will euch ausruhen lassen."

An der Wand hängen viele Totenzettel und es wirkt, als wären all diese Menschen, die von den Bildern herunterschauen, heute anwesend, als hätten sie und wir uns hier versammelt zu einem Essen

Stimmungsvolle Wolken am Bärnsee

in der Abendmahlkapelle. Ein Album liegt zwischen den Büchern: „Für unsere lieben Verstorbenen" hat jemand darauf geschrieben. Es ist bereits bis zur letzten Seite gefüllt mit Briefen

Die Abendmahlkapelle – ein Ort, an dem sich Menschen wohlfühlen.

und Gebeten, mit Fotos und Bildern – wie ein buntes Poesiealbum. Es ist so tröstlich zu sehen, wie liebevoll und von Zuversicht getragen Menschen hier an ihre geliebten Verstorbenen erinnern. Mehr noch: wie sie sie hereinholen in dieses Wohnzimmer im Wald. Ich denke an die Bank vor dem Grab meiner Freundin zu Hause, auf der wir, ihre Freundinnen, bei unseren Besuchen jedes

Auf dem Haindorfer Berg liegt die Abendmahlkapelle.

Mal bei ihr sitzen und picknicken. Wenn ich ein Bild von ihr dabeihätte, dann würde ich es in das Büchlein kleben. Aber auch so sehe ich sie mit all den anderen jeden Abend am großen Abendmahltisch sitzen. Und alle, die hier vorbeikommen, so wie wir jetzt, sind eingeladen. Andrea hat absolut recht: Es ist ein herzallerliebster Ort.

▷ *Ich wende mich der eingefassten alten Heilquelle zu, zu der die Menschen immer schon gekommen sind. Erst spät, im 19. Jahrhundert, wurde das kleine Gebäude, wurde die Abendmahlkapelle daneben errichtet. Spüre ich sonst vor allem in der Natur Göttlichkeit und Verbundenheit, ist es hier anders. Dieses Gotteshaus ist ein Kraftplatz der Gastfreundschaft und ein Quell der Herzlichkeit und Inspiration.*

▸ Auf den Weg zurück durch das Moor nehme ich diese Stimmung mit. Ich denke an das Lachen, das ich vorhin im Wald zu hören geglaubt habe. Vielleicht war es ja eine der fröhlichen und gut gelaunten Seelen auf dem Weg zur Abendmahlkapelle, denke ich und muss lächeln.

Und dann fällt mein Blick wieder auf die Kirche auf dem Höhenberg. Gotische Altäre hinter verschlossenen Gittern – ein Haus, das nicht mehr für die Menschen da ist. Welch ein Gegensatz zur Abendmahlkapelle, in der kein kostbares Kunstwerk

steht, das weggesperrt werden müsste. Sie ist ein echtes Gotteshaus, gestaltet von den Menschen: Ich habe sehr viel Trost, Verbundenheit und ein Stück Zuhause in der
Wohnzimmerkapelle im Wald gefunden.

Neben der Abendmahl-
kapelle findet sich die
Heilquelle.

Rituale
Verbindung der Lebenden und der Verstorbenen

Die Abendmahlkapelle ist ein Ort, an dem die lebenden und die verstorbenen Menschen in Verbindung gehen können. Nikola beschreibt, dass sie gerne ein Foto ihrer verstorbenen Freundin in das Buch geklebt hätte. Vielleicht möchtest du auch einen Menschen, um den du trauerst, in die Gemeinschaft in der Abendmahlkapelle einführen: Dann schreibe einen Brief, male ein Bild, suche ein Foto aus – bring mit, was du in das Buch einfügen möchtest. Die Wohnzimmerkapelle im Wald bietet allen Platz und es fühlt sich sehr schön an, einen verstorbenen Menschen dort zu Hause zu wissen.

Ein Geschenk für die Abendmahlkapelle

Andrea hat in der Kapelle einen Heilstein zurückgelassen, um sich für die liebevollen Energien des Ortes und seiner Naturwesen zu bedanken. Wenn du magst, nimm auch du ein Geschenk hierher mit: Mal ein Bild, schreib ein Gedicht oder ein Gebet, bring Blumen oder einen speziellen Stein mit.

Danach kannst du dir dein persönliches Heilwasser an der Quelle abfüllen. Schreibe ein Wort auf dein Wasserbehältnis. Für Andrea war dieses Wort: Herzenswärme. So nimmst du einen Teil der positiven Energie mit nach Hause und programmierst dein Heilwasser mit einer wohltuenden Emotion aus der Kapelle.

Der Weg der Geistin
Von Prien nach Urschalling

4:15 h Gehzeit

15,5 km Länge

142 hm   leicht

Die Prien auf ihrem Weg
durch das Eichental.

Dieser Weg durch die sanften Hügel westlich des Chiemsees ist landschaftlich sehr reizvoll, bietet er doch interessante Begegnungen mit der Prien und wunderschöne Ausblicke in die Berge. Auch der Chiemsee lockt mit seinem Vogelreichtum in den ufernahen Feuchtwiesen. Was uns aber vor allem bewegt, ist der Besuch der bestens erhaltenen, uralten Fresken in der kleinen Jakobuskirche in Urschalling. Vor allem eine Darstellung hat uns interessiert: Ist dort wirklich die „Heilige Geistin" abgebildet?

Wegbeschreibung:

Auf der anderen Seite der Bahnlinie nehmen wir die Hauptstraße, die Bernauer Straße, nach Süden und biegen nach rechts in die Geigelsteinstraße ab. An deren Ende wandern wir schräg links gegenüber zunächst rechts des Baches Richtung Eichental stadtauswärts. Am Mühlrad wandern wir links hinauf und wenden uns oben auf dem Prallhang des tief eingeschnittenen Prientals nach rechts.

Auf dem Sträßchen biegen wir nach rechts ab und vor dem Waldrand gehen wir etwa 20 Meter nach links und nehmen dann den Weg nach rechts auf das Plateau des alten Burgstalls. Dieses überqueren wir und nehmen links die steile Treppe hinunter zur Prien. An ihrem Fuß wenden wir uns nach rechts und dann nach links über die Prienbrücke zum Elektrizitätswerk, vor dem wir nach links abbiegen.

Hinter dem Prienwehr steigen wir die steilen Stufen hinauf und wenden uns nach links Richtung Kaltenbach. In die Querstraße biegen wir nach links ab, überqueren in Kaltenbach zwei Flussarme und folgen der Asphaltstraße durch den Wald bergauf bis zu einer Kreuzung. Hier gehen wir geradeaus Richtung Hoherting.

Am Ufer des Chiemsees geht es zurück Richtung Prien.

Von dort wenden wir uns nach rechts und wandern am Bahnhaltepunkt vorbei nach Urschalling. Die Kirche finden wir an der ersten Abzweigung nach links.

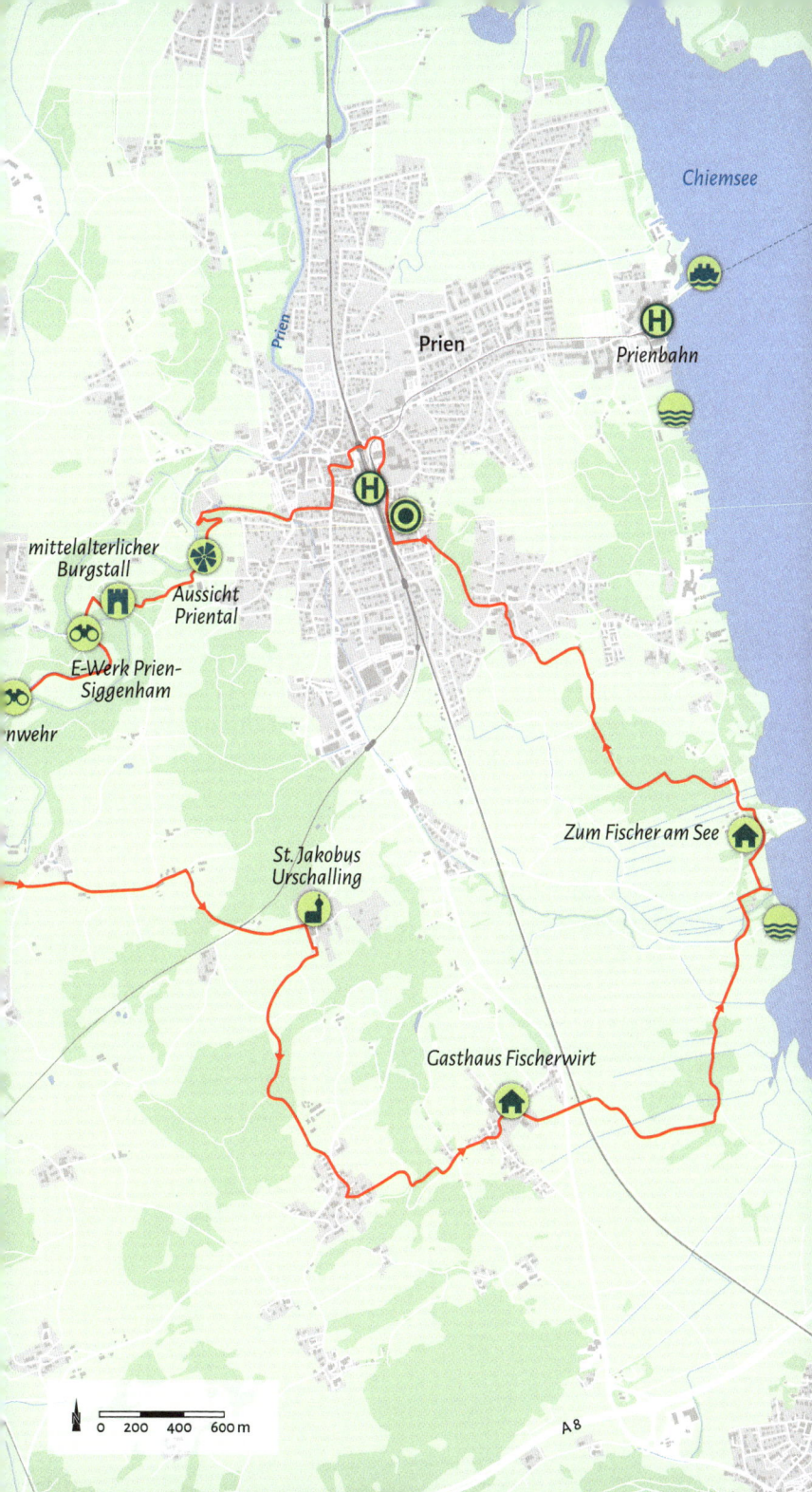

Chiemsee

Prien

Prienbahn

mittelalterlicher
Burgstall

Aussicht
Priental

E-Werk Prien-
Siggenham

nwehr

Zum Fischer am See

St. Jakobus
Urschalling

Gasthaus Fischerwirt

0   200   400   600 m

A 8

Von der Kirche aus biegen wir an der Hauptstraße zunächst nach rechts ab und nehmen dann den ersten Weg nach links, der uns auf dem Jakobsweg bis nach Hittenkirchen führt.

In dem Ort wenden wir uns an der Durchgangsstraße nach rechts, biegen aber bei erster Gelegenheit nach links ab. Und noch einmal geht es nach links, nun auf der Weishamer Straße bergab mit Blick auf den Chiemsee. Am Ausgang der Rechtskurve nehmen wir die mit einem Holzgeländer gesicherte Abkürzung nach links.

In Weisham wenden wir uns gegenüber dem Fischerwirt nach rechts. Nun müssen wir die Bundesstraße und die Bahnlinie überqueren. Wir gehen hier geradeaus weiter und erreichen nach einem Bogen nach Süden den Uferweg, auf dem wir uns nach links Richtung Prien bewegen.

Nach dem Campingplatz führt der Weg kurz an der Straße entlang, doch schon bei erster Gelegenheit nach links von ihr weg. Von hier aus folgen wir den Markierungen des „Salzalpensteigs" bis nach Ernsdorf. Dort biegen wir nach links in die Ernsdorfer Straße ab und dann rechts in die Heubergstraße. Direkt links führt der markierte Weg über den Hügel. An der evangelischen Kirche vorbei kommen wir wieder zum Bahndamm und biegen nach rechts in die Jensenstraße ein.

**Ausgangspunkt in
83209 Prien:**
Parkplatz Jensenstraße

ÖPNV:
Bahnhof Prien am Chiemsee

Wegbeschaffenheit:
Überwiegend Schotter- und Asphaltwege mit wenig Verkehr. Auch im Winter begehbar.

Am Weg:
Prien, Eichental, Burgstall, historisches Elektrizitätswerk, Prienwehr, Jakobuskirche in Urschalling, Bergblick, Chiemsee

Einkehr:
Mesner Stubn in Urschalling, Fischerwirt in Weisham, Zum Fischer am See in Prien, Gastronomie Prien

Für das Ritual:
Ein großes Blatt Papier, Farbstifte, Unterlage zum Malen

▸ Dieser Weg ist mir ein Anliegen. Seit ich zum ersten Mal eine Postkarte mit dem Fresko der christlichen Dreifaltigkeit aus der Jakobuskirche in Urschalling gesehen habe, auf dem in der Mitte eindeutig eine Frau zu erkennen ist, möchte ich mir dieses Bild einmal aus der Nähe anschauen.

Die Darstellung der Heiligen Dreifaltigkeit in der Jakobuskirche

Wir starten in Prien. Die Stadt heißt wie der Fluss und man vermutet, dass sich der Name von dem keltischen Wort „Brigenna" ableitet, was „die aus den Bergen Kommende" bedeuten soll. Stadt und Fluss tragen also einen weiblichen Namen. Dazu passt, dass Prien auch eine Frau als Stadtpatronin hat, nämlich die heilige Katharina. Auf Bildern und Statuen wird Katharina immer mit dem Rad abgebildet und dieses findet sich auch im Priener Stadtwappen. Also begegnen wir auch hier wieder einer der drei hochverehrten Jungfrauen, der „drei heiligen Madln".

▹ *Ob diese drei heiligen Madln schon bei den Kelten verehrt wurden, wissen wir nicht mit Sicherheit. Sie haben uns keine Schriftstücke hinterlassen, ihren Glauben und ihre Religion haben sie ausschließlich mündlich weitergegeben. Alles, was schriftlich von der Kultur und Lebensweise der Kelten überliefert ist, stammt aus den Aufzeichnungen der Griechen und Römer. Und aus dem, was sich in Großbritannien und Nordfrankreich erhalten hat und später aufgeschrieben wurde.*

143

Am Wehr im Eichental lassen sich viele Vögel beobachten.

Wenn der Glaube von einer Generation an die nächste nur mündlich weitergegeben wird, passt sich die Religion automatisch den Menschen und ihren neuen Lebenssituationen an. Das hat auch Vorteile, da es dadurch keine starren und unantastbaren Dogmen gibt.

Diese Gedanken beschäftigen mich und so erreichen wir einen Hügel über dem Eichental. Wir betreten den Bergrücken, auf dem im Mittelalter eine Burg stand, und sofort wird alles lichtvoller und heimeliger. War hier auch eine keltische Siedlung? Wenn ich an solche Orte komme, dann stellt sich bei mir meistens ein Gefühl des Angekommenseins ein. Manchmal sehe ich dort Bilder von Menschen, die sich schemenhaft vor meinem geistigen Auge bewegen. Hier sind es Eindrücke von einem großen Fest: Mabon, das Erntedankfest wird gefeiert. Die Kelten waren eingebunden in den Jahreskreis und seine Jahreszeiten. Sie liebten es, zu feiern, zu trinken, zu tanzen, zu lachen und sich Geschichten zu erzählen, ausschweifend und laut sollen sie gewesen sein.

▸ Als wir weitergehen wollen und an der Treppe stehen, die hinunter zur Prien führt, stellen wir erstaunt fest, wie hoch oberhalb des Flusses wir uns befinden. Ein älteres Ehepaar deutet unser Staunen falsch und warnt uns vor dem steilen Abstieg. Tatsächlich gehen wir vorsichtig die hohen Stufen hinunter. Ich freue mich darauf, nun wirklich ans Ufer der Prien zu gelangen.

▷ *Die Prien ist hier nicht reguliert und folgt ihrem eigenen Lauf. Im Frühjahr blühen im Eichental die Leberblümchen und Buschwindröschen, im Frühsommer der Bärlauch mit seinem starken Geruch, der Aronstab und die auffallend schöne heimische Lilienform, der Türkenbund. Auch der Knoten-Beinwell wächst hier, der seine Heilwirkung schon im Namen trägt. Schon im alten Griechenland wurde er verwendet, um Knochenbrüche, Zerrungen und Prellungen zu heilen. Sicher wussten unsere Vorfahren auch davon und bereiteten aus der Wurzel Heilsalben und Tinkturen.*

▸ Noch bevor wir das Prienwehr erreichen, wo der Mühlengraben abgeleitet wird und der Fluss sich verbreitert, sehe ich einen Eisvogel. Ich bin in einer Familie von Vogelliebhabern aufgewachsen und deshalb fällt mir sofort die entsprechende Erzählung aus der griechischen Mythologie ein: Alkyone trauerte so sehr um ihren im Meer ertrunkenen Mann, dass die gnädigen Götter beide in Eisvögel verwandelten, sodass sie über den Tod hinaus in Liebe vereint sein konnten. Der lateinische Name des Vogels „Alcedo atthis" erinnert an die Liebe dieser Frau.

▷ *Nikola bewundert die Vögel und verfolgt aufmerksam den Flug eines Eisvogels und die Nahrungssuche der seltenen Wasseramsel. Mich interessiert der Reiher, der im Wasser steht und versonnen vor sich hinschaut. Ich liebe diese mystischen Tiere mit ihren langen Beinen und der grazilen Ausstrahlung. Bei den Kelten begleiteten sie die Seelen in die Anderswelt; für mich stehen sie für Kreativität und Einfühlsamkeit.*

Das Wehr speist den Kanal zur Grablmühle, betreibt damit den Stromgenerator in dem historischen Elektrizitätswerk und stellt gleichzeitig eine Geschiebesperre dar. Das Geröll der ehemaligen Gletscher bleibt oberhalb des Wehres liegen, so kann sich die Prien nicht mehr tiefer einschneiden. Von Menschenhand geschaffen, um die Kraft des Wassers nutzbar zu machen, ist es trotzdem ein meditativer und schön angelegter Ort. Wir verweilen, stärken uns und lassen uns von der vielfältigen Vogelwelt inspirieren.

Wir wandern entlang der grünen und saftigen Wiesen, dahinter die Kampenwand und der Hochgern. Die Kühe liegen träge im Gras. Die Sonne kommt hinter den Wolken hervor und ich denke an den Jahres-

kreislauf und seine Feste. Alles hängt mit allem zusammen, dem Frühling folgt der Sommer, dann der Herbst und der Winter, jedes Jahr wieder. Erst seit der Erfindung der Elektrizität können wir Menschen uns diesen Kreisläufen entziehen. Wie muss es gewesen sein, der Natur das ganze Jahr ausgeliefert zu sein? Sicher sehen wir das heute verklärt und romantisiert, was vor Hunderten von Jahren ein ständiger Kampf war.

▸ Das unscheinbare Kirchlein in Urschalling ist um 1180 als Burgkapelle entstanden und wurde 200 Jahre später ein zweites Mal ausgemalt. Die sehr gut erhaltenen gotischen Fresken sind an sich schon sehenswert. Die bereits genannte Darstellung der Göttlichen Dreifaltigkeit ist einzigartig. Drei Köpfe mit drei Heiligenscheinen, zwei Händen, einem Mantel, in der Mitte zwischen den beiden bärtigen Gestalten eine Frau. Wenn dies die Darstellung der christlichen göttlichen Dreifaltigkeit aus Vater, Sohn und Heiligem Geist ist, dann hat sich hier offenbar die Überzeugung überliefert, dass der Heilige Geist weiblich ist.

Das Christentum wurzelt im Judentum und so galt das Gebot des Alten Testaments, dass man sich kein Bild von Gott machen dürfe, auch dort. Bis ins 12. Jahrhundert haben sich die Christen daran gehalten und Gott nicht abgebildet, sondern – wenn überhaupt – nur den Menschen Jesus. Erst dann begann man, Gott auch bildlich darzustellen. Das Ergebnis sind Figuren wie die rechts im Urschallinger Fresko: ein alter Mann mit weißem Bart. Und die Folge davon ist die bis heute kaum zu korrigierende Gottesvorstellung in den Köpfen der Menschen.

▷ *Religion und Glaube helfen den Menschen, ihre Welt zu verstehen und sich darin zurechtzufinden. Das war bei den frühen Völkern Europas sicher nicht anders als im Orient, wo die christliche Religion entstanden ist. Der große Unterschied ist die Tatsache, dass sich das Christentum auf alte Schriften und Bilder stützt, von den Kelten können wir nur erahnen und spekulieren, welche Gottesbilder sie hatten.*

▸ Ausgerechnet in dieser Gegend, in der die „drei heiligen Madln" allgegenwärtig sind und Maria wie eine Muttergottheit verehrt wird, erinnert in diesem kleinen Ort das Bildnis daran, dass es keinen schlüssigen theologischen Grund gibt, sich Gott

rein männlich vorzustellen. Der göttliche Geist **Am Ufer des Chiemsees** ist jedenfalls im Hebräischen, in der ursprünglichen Sprache der Bibel, weiblich und Gott selbst wird dort zwar Vater genannt, aber auch Mutter. Augustinus, einer der wichtigsten Theologen im Christentum, schrieb um 400: „Gott ist Vater, weil er gründet, weil er ruft, weil er befiehlt, weil er herrscht, Gott ist Mutter, weil sie wärmt, weil sie nährt, weil sie stillt, weil sie umschließt."

Immer noch versuchen Theologen, die weibliche Darstellung der Geistin in Urschalling umzudeuten, und wollen darin nur einen „frauhaften" Mann sehen. Es kann nicht sein, was nicht sein darf. So als würde Gott weniger Gott sein, wenn wir uns ihn – oder sie – auch weiblich vorstellen.

▷ *Zum Glück weiß ich nicht mit Sicherheit, wie die Rolle der Frauen bei den Kelten war, und kann mir so ein liebevolles und gleichberechtigtes Miteinander von Mann und Frau vorstellen. Was es an schriftlichen Quellen gibt, stammt von den Griechen und den Römern, also aus Kulturen, die ebenfalls sehr männlich dominiert waren. Ich reiße mich los von meinen Betrachtungen und verlasse die Kirche in Urschalling mit der Überzeugung: Egal welche Religion und Kultur – Toleranz und Respekt beginnen zuerst bei mir selbst.*

Als wir das Wasser des Chiemsees erreichen, beobachte ich das Wasser, das sich in Wellen ans Ufer schiebt, sanft und rhythmisch. Die Kreisläufe der Natur geben mir Halt, Stabilität und Sicherheit. Hier kann ich mich jederzeit wiederfinden, abseits von den hochgeistigen Interpretationen von Religion, Glaube und Gleichberechtigung, hier finde ich meinen inneren Frieden mit mir und meinem Sein.

▸ Selbst der Untersberg ist in der Ferne hinter dem Chiemsee zu erkennen. Ich kann mich nicht entscheiden, was ich faszinierender finde: die Aussicht oder die Fresken, die in Urschalling erhalten sind. Was wäre der Menschheit erspart geblieben, wenn die weiblichen Gottheiten oder das Weibliche im Göttlichen nicht eliminiert, der Glaube daran nicht unterdrückt worden wäre! Ich bin mir sicher, dass wir in einer heileren Welt leben würden. Und deshalb wollte ich es so gerne sehen: das Bild der Heiligen Geistin von Urschalling.

Übung
Welches Bild hast du von Gott?

Judentum und Islam, zwei der drei Weltreligionen, die an nur einen Gott glauben, lehnen es strikt ab, Gott in Bildern darzustellen. Die dritte, das Christentum, hat sich rund tausend Jahre an das Bilderverbot gehalten, bevor die Kunst anfing, sich ein Bild von Gott zu machen. Durchgesetzt hat sich ein alter Mann mit weißem Bart.

Mach dich auf den Weg zur Geistin in Urschalling und stelle dir die Fragen: Wie hat der Gott deiner Kindheit ausgesehen und wie schaut er heute aus? Ist es ein Mann, eine Frau oder keines von beidem? Wie stellst du dir die Göttlichkeit vor? Hat Gott ein Gesicht oder vielleicht sogar mehrere Gesichter? Was drückt die Göttlichkeit für dich aus?

Jetzt suche dir einen Platz, an dem du dich wohlfühlst. Nimm Papier und Stifte und male, zeichne, schreibe und kreiere dein Bild von Gott.

Der Weg der Erneuerung
Von Seeon zum Schlupfstein in der Wolfgangkirche bei Rabenden

3:45 h Gehzeit

15 km Länge

54 hm leicht

Blick auf das Kloster und zum Seeoner See

Es ist für uns keine Wanderung wie jede andere: In Seeon haben wir uns bei der Ausbildung zu Wanderführerinnen kennengelernt, beide in einer privaten und beruflichen Umbruchsituation. Erst als wir für dieses Buch hierher zurückkehren, wird uns bewusst, dass wir an einem Wandlungsort waren und welche Kräfte von ihm ausgehen. Der Weg beginnt an der Walburgiskirche, führt am Griessee vorbei zur Wolfgangkirche in Berg bei Rabenden und zurück zu den beiden anderen Kirchen am Kloster Seeon.

Wegbeschreibung:

Vom Parkplatz aus gehen wir auf das Kloster zu, aber noch bevor wir es erreichen, biegen wir hinter der Walburgiskirche links ab, passieren die Mozarteiche und wenden uns auf dem kleinen Sträßchen für 150 Meter nach links. Ein Schild weist Richtung Weinbergaussicht nach rechts und wir folgen ihm.

An der nächsten Kreuzung gehen wir nach rechts und an der darauffolgenden nach links, nun Richtung Engering. Die Markierungen führen an einem Feld entlang und dann links hinunter Richtung Griessee-Rundweg. Dort angekommen biegen wir rechts ab, queren einen Weg und gehen geradeaus auf einen Hügel. Um seine Kuppe gehen wir rechts herum und dann hinunter zum Ufer des Griessees. Dort halten wir uns rechts und erreichen wieder den breiteren Weg, in den wir nach links einbiegen.

An der nächsten Kreuzung liegt vor uns ein Moor, an dem wir links vorbeigehen und die Griessee-Runde verlassen. Am Ende des Moores wandern wir nach links auf einem breiteren Weg, rechts von uns liegt nun ein bewaldeter Hügel, links ein weiteres Moor.

Der Weg führt uns nach einer Rechtskurve auf ein kleines Asphaltsträßchen, in das wir nach rechts einbiegen. An der nächsten Abzweigung gehen wir nach links Richtung Altenmarkt und erreichen so die Bundesstraße.

Am Kloster Seeon sind Kunst und Natur im Einklang.

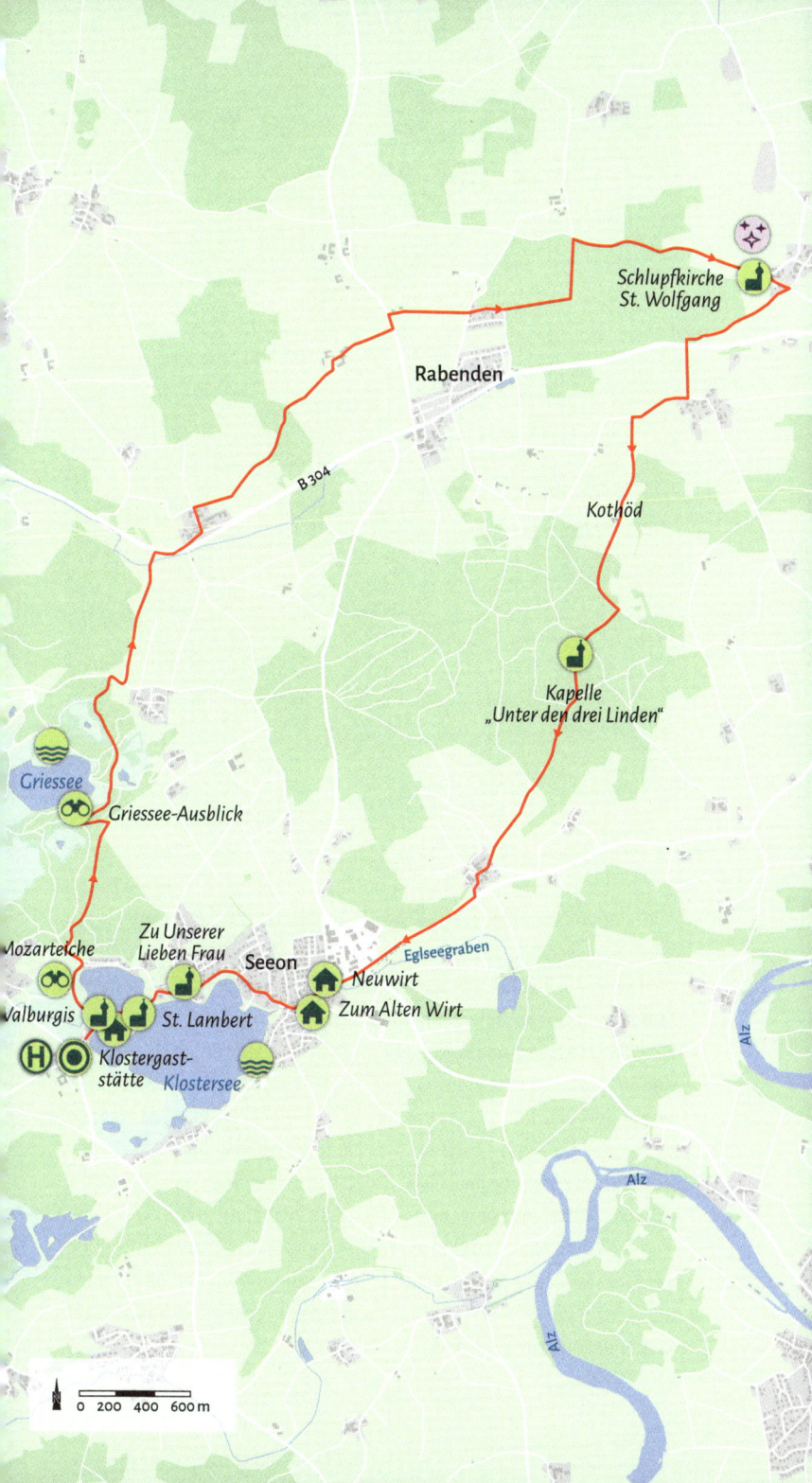

Schlupfkirche
St. Wolfgang

Rabenden

B 304

Kothöd

Kapelle
„Unter den drei Linden"

Griessee

Griessee-Ausblick

Mozarteiche

Zu Unserer
Lieben Frau

Seeon

Neuwirt
Zum Alten Wirt

Walburgis

St. Lambert

Eglseegraben

Klostergast-
stätte

Klostersee

Alz

Alz

Alz

0   200 400 600 m

Die Eule wacht in einer Nische über den Garten an der Wolfgangkirche.

Der Radweg führt nach rechts durch eine Unterführung und in den kleinen Weiler Neustadl. Dort wenden wir uns nach links Richtung Hausen, verlassen das Sträßchen aber hinter den Bauernhäusern sofort nach rechts.

Dieser Weg führt uns zur Kreisstraße nach Rabenden. Auf dieser wenden wir uns kurz nach links, nur um schon vor den nächsten Häusern den nach rechts abzweigenden Weg zu nehmen. In der kleinen Siedlung, die wir erreichen, wandern wir geradeaus durch den Mühlweg in den Wald.

An der Gabelung nehmen wir die linke Möglichkeit und biegen dann in den Forstweg nach links ab. So kommen wir an den Waldrand, wo wir uns nach rechts wenden und so die Wolfgangkirche erreichen.

Nach dem Besuch der Kirche gehen wir durch den kleinen Ort und bei nächster Gelegenheit rechts. Wieder überqueren wir die Bundesstraße und wenden uns in Rupertsdorf nach rechts und bald darauf nach links Richtung Kothöd.

An dem Hof gehen wir geradeaus über die Felder in den Wald und weiter geradeaus, bis wir auf einen Querweg treffen. Dort wenden wir uns nach links. Bald treten wir aus dem Wald, links ist eine Wiese und rechts der Waldrand. Etwa 50 Meter weiter nehmen wir den Pfad, der nach rechts in den Wald führt.

An der Kapelle „Unter den drei Linden" gehen wir an der Kreuzung geradeaus. Bei nächster Gelegenheit halten wir uns zunächst rechts und dann gleich links weg vom Forstweg. Ein Schild weist hier Richtung Eglhart. An einer Gabelung neben einem Hochstand nehmen wir den rechten der beiden Wege, der geradeaus weiterführt.

In Eglhart biegen wir rechts ab und wandern hinunter zur Straße nach Seeon, in die wir nach rechts einbiegen. Über den Kreisverkehr gehen wir geradeaus und durch den Ort hindurch, bis wir vor dem Seeufer, wo sich die Straße gabelt, nach rechts abbiegen. Am See entlang wandern wir bis zum Bräuhauser Kircherl (offiziell: Kirche St. Maria zu Bräuhausen) und dahinter über die Brücke zum Kloster Seeon.

**Ausgangspunkt in
83370 Seeon:**
Parkplatz am Kloster Seeon, Klosterweg

ÖPNV:
Bushaltestelle „Seeon Kloster"

Wegbeschaffenheit:
Zur Hälfte kaum befahrene Asphaltsträßchen, ansonsten Naturwege. Auch im Winter begehbar.

Am Weg:
Seeoner Seenplatte, Griessee, St.-Wolfgang-Kirche mit Schlupfstein, Seeon, Kloster Seeon mit seinen drei Kirchen

Einkehr:
Klostergaststätte, Neuwirt, Zum Alten Wirt

Öffnungszeiten und Kirchenführungen in der Wolfgangkirche:
www.erzbistum-muenchen.de/ pfarrei/st-margareta-baumburg/UnsereKirchen

Tipp:
Bei warmem Wetter lädt der Griessee zu einem Bad ein.

Für das Ritual:
Speisen für das Jahreskreisfest und evtl. Materialien für ein Ritual

▷ *Wir freuen uns, wieder in Seeon zu sein, wo Nikola und ich uns kennengelernt haben. Nun schreiben wir gemeinsam Bücher, erzählen Geschichten und begleiten unsere Leserinnen und Leser auf unterschiedlichen Wegen durch die Natur. Und so beginnt dieser Tag mit einer tiefen Dankbarkeit im Herzen.*

Unser erstes Ziel ist die Kirche neben dem Kloster, die der heiligen Walburga geweiht ist. Ich empfinde das Gotteshaus und seinen Friedhof als sehr mystisch. Die heilige Walburga stammte aus einer englischen Adelsfamilie und wurde im Kloster erzogen. Sie war sehr gebildet und kam um 740 als Missionarin und Nonne auf den Kontinent. Nach dem Tod ihres Bruders übernahm sie sein Benediktiner- und das dazugehörige Frauenkloster im mittelfränkischen Heidenheim und war also Äbtissin eines großen Klosterkomplexes. Für die damalige Zeit eine eigenständige, angesehene und mächtige Frau, die bis heute als Patronin der Kranken, Hungernden und Wöchnerinnen verehrt wird.

▸ Auch eine Jungfrau, denke ich, als Andrea mir von der heiligen Walburga erzählt, von ihrer Eigenständigkeit und Bildung, ihrem weltlichen Einfluss und Ruhm. Mir sind in der Kirche gleich drei andere Jungfrauen aufgefal-

Walburgiskirche am Kloster Seeon

Blick auf den Weinbergsee und auf das Kloster Seeon

len, die „drei heiligen Madln", die in dieser Gegend allgegenwärtig sind und uns auch auf dieser Wanderung mehrmals begegnen werden: Margarete, Katharina und Barbara. Die drei heiligen jungfräulichen Märtyrerinnen treten fast immer zu dritt auf und sind die einzigen Frauen unter den 14 Nothelfern. Wahrscheinlich setzt sich in ihnen ein keltischer Kult, der Drei-Bethen-Kult, fort. Bewiesen ist dies nicht, aber was sind schon Beweise, wenn es um Religion und Glaube geht? Schließlich kann man auch die historische Existenz dieser drei christlichen Märtyrerinnen nicht belegen.

▷ *Die Eiche, die neben dem Seeoner See ihre Äste dicht und mächtig in den Himmel streckt, wird stolz Mozarteiche genannt, weil der große Komponist sie schon geliebt haben soll. Es wäre kein Wunder, denn sie ist nicht nur schön anzusehen, sondern auch von einer erhabenen Energie. Eichen sind starke und mächtige Bäume, ihre Pfahlwurzeln können bis zu acht Meter in die Erde wachsen und so werden sie bis zu tausend Jahre alt. Wenn Entscheidungen anstehen, kann man sich unter einer Eiche Rat und Unterstützung holen: dafür, den eigenen Weg zu finden und diesen mit Selbstbewusstsein und Mut zu gehen.*

155

Es ist ein bedeckter Tag und eine Rabenkolonie sitzt auf dem Hügel vor dem Griessee in den Baumkronen und hält kreischend eine Sitzung ab. Manchmal habe ich das Gefühl, dass diese schlauen und magischen Vögel miteinander sprechen wie Menschen: diskutieren, streiten und lachen. Sie locken mich und als wir ihrem Ruf folgen, spüre ich, dass an diesem Ort, geschützt auf der flachen Erhebung, eine keltische Siedlung gewesen sein könnte.

Auf unserem Weg durch die mystischen Moore denke ich wieder an Walburga und an die nach ihr benannte Walpurgisnacht, das Hexenfest in der Nacht auf den 1. Mai. War sie die erste Hexe?

Die Walpurgisnacht ist auch die Nacht des keltischen Frühlingsfestes Beltane, an dem Fruchtbarkeit und Wachstum in Ausgelassenheit und Freiheit gefeiert wurden. Aber an manchen Tagen erinnern die Nebelschwaden über der sanften Wasserfläche des Griessees eher an Samhain, das keltische Neujahr, das dem Frühjahrsfest im Kreislauf des Jahres gegenüberliegt und in der Nacht auf den 1. November begangen wird. Bei diesem Fest, das sich in Halloween und Allerheiligen erhalten hat, ging es um den Kontakt zu den Verstorbenen und zur Anderswelt.

▸ Ich bin Theologin und habe viele Jahre als Redakteurin die Zeitschrift eines katholischen Frauenverbandes verantwortet. Dessen Vorgängervereine am Anfang des 20. Jahrhunderts hießen „Müttervereine", eine andere weibliche Rolle war nicht vorgesehen. Warum also wurden ausgerechnet die drei heiligen Jungfrauen so innig verehrt, wenn dies doch so gar nicht der Lebensrealität der Frauen entsprach? Diese Frage nehme ich mit zum Schlupfstein von Sankt Wolfgang. Hindurchzuschlupfen, so heißt es, könne Rückenschmerzen heilen – und fruchtbar machen.

▷ *Wir kommen an mehreren Höfen vorbei, sie sind sehr gepflegt und die Gärten liebevoll gestaltet. Immer wieder führt uns unser Weg vom Wald auf Wiesen und Felder und wieder zurück zwischen die schützenden Bäume. Diese Übergänge sind harmonisch und die flache Landschaft wirkt beruhigend. Ein Bussard ruft über uns und wir folgen ihm. Plötzlich sehen wir einen Mann, der allein durch den Wald geht, als würde er etwas suchen. Es ist mir, als sähe ich einen Druiden – er lässt sich von uns nicht stören und hebt nur kurz die Hand zum Gruß. Er wirkt auf mich fast wie eine Erscheinung aus einer anderen Zeit.*

Eine wunderbare Eschenallee führt uns direkt auf die Kirche zu. Die Esche ist in der nordischen Mythologie der Lebensbaum Yggdrasil, aus dem alles entstand. Ihr Holz ist zäh, elastisch und strapazierfähig und wurde unter anderem zu Speeren und Lanzen verarbeitet. Der nordische Gott Odin und die Göttin Gwydion zauberten Menschen aus ihr hervor und so ist sie der Baum der Fruchtbarkeit.

► Als wir an der Kirchentür einen Aushang mit einer Stellungnahme der Bistumsverwaltung vorfinden, bin ich mir zunächst sicher, dass der Brauch, unter dem Altar hindurchzukriechen, unterbunden wurde. Aber so ist es nicht. Man hat den Altar renoviert, und zwar so, dass das Schlupfen weiter vollzogen werden kann. Der Stein mit dem Loch, um den sich der Kult dreht, ist erst um 1700 mit diesem marmornen Altar überbaut worden, weil offenbar der Wallfahrt zur Wolfgangkapelle über dem Wolfgangsee Konkurrenz gemacht werden sollte. Also musste ein Schlupfstein her, denn die Wallfahrer waren damals eine wichtige Einkommensquelle: Und so sparte man an der einen Seitenwand des Altars ein Loch aus, durch das man bis heute kriechen kann.

Das Kloster Seeon mit der Skulpturengruppe „Bild des Hoffens" von Heinrich Kirchner

In der Wolfgangkirche befindet sich der Schlupfstein.

▷ *Und plötzlich liege ich auf dem Kirchenboden, über mir der Altar, und ich weiß gar nicht, wie das geschehen konnte. „Da passt du doch leicht durch, versuch es!" Nikolas Worte haben mich animiert, auch zu schlupfen. Wie eine Schlange krieche ich durch den Altar. Ich muss so sehr über mich lachen, dass ich noch langsamer vorankomme. Wie ein gestrandeter Wal liege ich auf dem steinernen Boden. „Mach ein Foto", rufe ich Nikola zu, „das müssen wir festhalten." Und endlich habe ich es geschafft, rapple mich hoch und stehe wieder aufrecht. „Und das soll gesund sein?", fragen wir beide gleichzeitig und lachen.*

▶ Wenn ich Andrea so beim Schlupfen zusehe, bin ich mir nicht sicher, ob das nicht erst zu den Rückenschmerzen führt, von denen es dann befreit. Trotzdem glaube ich auch, dass es sich bei dem Stein, über den zunächst diese Kirche und dann der Altar gebaut wurden, und bei dem Stein im Vorraum um Kult- oder Opfersteine handelt. Und vielleicht war hier ja sogar ein Frauenheiligtum, was sich auch heute noch in diesem Brauch niederschlagen würde, der angeblich sogar Kinderwünsche erfüllen kann.

Ich bin keine Mutter und werde auch keine mehr, aber ich bücke mich auch und schlupfe durch den Stein und denke dabei an die Jungfräulichkeit der Drei Heiligen Frauen: Sie sind „nicht nur Helferinnen und Verbündete der Schwangeren und der Mütter", schreibt Erni Kutter in ihrem Buch „Der Kult der drei Jungfrauen", „sondern Leitbilder, Vor-Bilder, Lehrmeisterinnen und Identifikationsfiguren" aller Frauen, die sich ihre Selbstbestimmtheit von niemandem nehmen lassen wollten, unabhängig davon, ob sie Mann und Kinder hatten oder haben.

▷ *Vielleicht wirkt dieses Durchkriechen so wie das Abstreifen der alten Haut. Wie bei einer Schlange, die das Alte loslässt und bei der sich darunter bereits die neue Haut gebildet hat. Etwas ermattet setze ich mich auf die Kirchenbank. Ich blicke zur Empore und entdecke dort Bilder des heiligen Wolfgang. Er wird bei Rückenleiden und Unfruchtbarkeit angerufen und sein Patronatstag ist der 31. Oktober, also die Samhain-Nacht. So steht er im Jahreskreis der heiligen Walburga genau gegenüber. Auf den Bildern hilft ihm der Teufel, ein neues Gotteshaus zu bauen. Interessant: Das Magische und das Heilige tun sich zusammen und bauen etwas Eigenes, etwas ganz Spezielles, etwas wie diese Schlupfkirche.*

Der Heilige und der Teufel in der Wolfgangkirche

Die Wolfgangkirche umgibt ein malerischer kleiner Garten.

Wir gehen hinaus in den Garten und setzen uns neben den paradiesischen Apfelbaum auf die einladende Sitzgruppe, packen unsere Brotzeit aus und gewöhnen uns langsam an unsere „neue Haut".

Unser Rückweg führt uns durch Seeon. In dem lieblichen Ort erzählt ein kleiner Brunnen die Geschichte von Freundschaft und Verbundenheit. Drei Figuren halten gemeinsam eine Schale, aus der das Wasser herausfließt. Sie lachen und blicken dem Leben entspannt und positiv entgegen. Aus unserer ersten Begegnung in Seeon hat sich eine Freundschaft und dann eine Zusammenarbeit entwickelt. Der Brunnen ist wie ein Symbol dafür.

▸ Als wir die kleine Marienkirche gegenüber dem Kloster betreten, ruft Andrea sofort: „Schau! Da ist deine Barbara." Schon wieder die drei Madln, denke ich und versuche, sie in den Fresken und Statuen zu entdecken. Aber Andrea zeigt auf ein kleines gerahmtes Bild der Barbara, das auf einer Bank liegt. Meine verstorbene Freundin und Kollegin hat so geheißen. Gemeinsam mit ihr habe ich für den Frauenverband und das Mitgliedermagazin „Frau und Mutter" gearbeitet. Als ich nähertrete und das Bild in die Hand nehme, kann ich nicht glauben, dass darunter „unsere" Zeitschrift liegt.

▷ *Einige Schritte weiter begegnen wir einem Werk des Künstlers Heinrich Kirchner, dem „Mann im Boot". Die beeindruckende Skulptur steht neben der Brücke zum Kloster und streckt sich in freudiger Erwartung ihrem Ziel entgegen. Leitmotive in den Werken von Kirchner waren der „Wanderer" und die anschließende „Wandlung", getragen von seinen Hauptthemen Liebe und Hoffnung. Das Wandern verwandelt uns, jeder Weg macht etwas mit uns und unserem Bewusstsein: Wandern ist Wandlung!*

▸ In der Klosterkirche begegnen uns die drei noch einmal: Katharina, Margarete und Barbara als Fresken an der Decke. Die drei Jungfrauen als Symbol des Göttlichen: Sie stehen für die Heiligung dessen, was sein soll, für das immer wieder Neue, für das Potenzial zu gestalten, für die Ermächtigung zu Selbstbestimmung und Freiheit.

Der „Brunnen der Freundschaft" am Dorfplatz in Seeon (rechts) und „Moses" von Heinrich Kirchner (links)

Rituale
Schlupfen und die alte Haut abstreifen

Wir geben es zu: Ein bisschen Mut braucht es für das Schlupfen. Aber auf diesem Weg gehört es einfach dazu. Plane deine Zeit so ein, dass du danach eine längere Pause einlegen kannst – du wirst sie brauchen, denn das Schlupfen macht müde. Was du dir davon erwartest, kommt auf dich an: mehr Fruchtbarkeit, Erneuerung im Leben, Heilung von Schmerzen, neue Impulse – alles ist möglich, du führst die Regie. Viel Spaß beim Schlupfen!

Jahreskreisfest

Sollte St. Wolfgang geschlossen sein, schlagen wir dir ein alternatives Ritual vor. Gestalte für dich und deine Mitwanderer ein kleines Jahreskreisfest. Auf dem Weg gibt es einige schöne Plätze, an denen das gut möglich ist. Je nachdem, in welcher Jahreszeit du unterwegs bist, überlege dir ein Thema für das Fest. Bringe Speisen und Getränke mit, die auf die Region und die Jahreszeit abgestimmt sind. Wenn du magst, bereite ein kleines passendes Ritual vor, bei dem alle mitmachen können. Es geht nicht darum, dass du viel Geld ausgibst. Je kreativer und einfallsreicher du bist, umso lustiger und freudiger wird dein Fest.

Andrea schlupft – allerdings falschrum

Der Weg von Ahnung und Gewissheit

Mit dem Schiff über Frauenchiemsee nach Gstadt und zu Fuß nach Prien zurück

3:30 h Gehzeit von Gstad nach Prien

14,3 km Länge

18 hm leicht

Klosterkirche auf der
Frauneninsel

*Die Frauneninsel und das älteste deutsche Frauenkloster Frauen-
wörth sind die wahrscheinlich bekanntesten Kraftplätze des
Chiemgaus. Kein Wunder, dass Andrea sich sofort an Avalon
erinnert fühlt, die mythische Insel der Kelten. Aber auch
Irmengard fasziniert uns, die von den Karolingern abstammen-
de Äbtissin, die hier seit mehr als 1.200 Jahren verehrt und um
Fürsprache angerufen wird. Wir verbinden unseren Besuch der
Insel mit einer aussichtsreichen Wanderung am Ufer des
mystischen Sees.*

Wegbeschreibung:

In Gstadt angekommen nehmen wir den Wander- und Radweg Richtung Prien nach links. Nach der Vogelbeobachtungsstation treten wir in einen Wald, in dem wir an der Gabelung den linken Weg wählen, der näher am See entlangführt.

In Breitbrunn zweigt der Weg vor dem Gasthaus nach links ab. In Urfahrn treffen wir auf ein kleines Asphaltsträßchen, in das wir nach links einbiegen. Hier ist es möglich, einen kurzen Ausflug zur Spitze der Landzunge zu unternehmen.

Nach dem Strandpavillon und nachdem wir die Urfahrner Halbinsel umrundet haben, erreichen wir eine Kreuzung, an der es nach rechts auf dem Radweg nach Prien und links auf einem Privatweg zum Gut Sassau geht. Wir wandern geradeaus weiter. Wir streifen kurz die Hauptstraße, biegen nach links und sofort wieder nach links ab. Dem Rimstinger Chiemsee-Rundweg folgen wir in Schafwaschen nach links und biegen bald im rechten Winkel noch einmal nach links ins Vogelschutzgebiet in Richtung Strandkiosk ab.

Von dort gehen wir auf die Landzunge, an deren Spitze sich wieder eine Vogelbeobachtungsstation befindet. Anschließend nehmen wir die Brücke über die Prien und wandern zurück nach Prien-Stock.

Blick über den Chiemsee

Frauen-
insel

Frauenwörth

Abtei
Frauenwörth

Kraut-
insel

Gstadt
am Chiemsee

Café Inselblick

Beobachtungsturm
Ganszipfel

Breitbrunn
am Chiemsee

Oberleitner
Haus am See

Neues Schloss
Herrenchiemsee

Herreninsel

Strandpavillon

Urfahrner Spitz

Großer Kanal

Chiemsee

Chiemseebahn

Fischhütte
Reiter

Vogelbeobachtungs-
plattform
Prienmündung

Prien Kiosk Strandbad

Prien

prien

0   200   400   600 m

**Ausgangspunkt in
83209 Prien am Chiemsee:**
Schiffsanleger in Prien/Stock,
Seestraße 108

ÖPNV:
Chiemsee-Bahn vom Bahnhof
Prien bis zum Anleger

Wegbeschaffenheit:
Überwiegend breite Schotterwege, auch im Winter begehbar

Am Weg:
Herrenchiemsee, Frauenchiemsee, Vogelbeobachtungsstationen, Prienmündung

Einkehr:
Gastronomie Prien/Stock,
Gstadt und Frauenchiemsee,
Oberleitner – Haus am See in
Breitbrunn, Strandpavillon
Urfahrn, Kiosk Strandanlage
Rimsting, Fischhütte Reiter

Besonderheit:
Frauenchiemsee ist nur per Boot
erreichbar. Von dort Weiterfahrt
nach Gstadt (www.chiemsee-schifffahrt.de).

Tipp:
Der Weg führt an verschiedenen
Badestellen vorbei.
Natürlich ist diese Wanderung
mit einem Besuch der Herreninsel und des Ludwig-Schlosses
kombinierbar. Das Boot hält
dort ohnehin.

Für das Ritual:
Schreibzeug

▸ Als ich das letzte Mal in Prien war, habe ich zum Abschluss eines Seminars mit meiner Supervisorin meine berufliche Vision entwickelt. Sie lebt inzwischen irgendwo hier in der Region und wir haben uns seitdem nicht mehr gesehen. Ich habe Andrea viel von ihrer Begleitung erzählt und an diesem Morgen bin ich mit dem Gedanken aufgewacht, dass ich sie heute wiedersehen werde. Das habe ich allerdings für mich behalten, denn das wäre doch ein zu großer Zufall.

Als unser Boot an der Herreninsel anlegt, steigen die meisten Passagiere aus, aber wir bleiben sitzen. So sehr uns auch die Insel mit ihren keltischen Spuren und dem Schloss des bayerischen Königs Ludwig II. locken würde, wir wollen uns die Zeit für die Fraueninsel und das Kloster Frauenwörth nehmen, das mit rund 1.250 Jahren älteste Frauenkloster Deutschlands. Ich muss lächeln, als mir auffällt, dass außer uns nur fünf andere Frauen sitzen bleiben und weiterfahren.

Immer wieder führt der Weg direkt ans Seeufer.

▷   Das Schiff nähert sich der Fraueninsel und ich sehe das weiße Klostergebäude und die wenigen Häuser, die über die kleine Insel verstreut liegen. Wir gehen von Bord und eine ganz eigene Energie nimmt mich in Empfang. Es ist, als ob ich in eine andere Welt trete. Ich denke an Avalon: Die Insel der keltischen Priesterinnen liegt im Nebel und nur auserwählte Frauen dürfen sie betreten. Die Apfelbäume sind ihre heiligen Bäume und die Weiblichkeit wird verehrt und wertgeschätzt.

Den Kopf voller Gedanken betrete ich den Friedhof vor der Kirche und dann breitet sich eine große Ruhe in mir aus. Der weiße Campanile wirkt wie ein Wehrturm und alles hier hat einen eigenen spröden Charme. Die Kirche ist hell und dunkel zugleich. Der Altar, barock und golden strahlend, erzählt von Macht und Ruhm. Und dann gibt es noch die dunkleren, älteren Ecken des Gotteshauses, wie das Grab der seligen Irmengard.

▸   Irmengard wurde um 850 Äbtissin des bereits 772 gegründeten Klosters Frauenwörth, die erste, die namentlich bekannt ist. Sie wurde um 831 geboren und war die Tochter König Ludwigs des Deutschen und seiner Frau, der heiligen Hemma, und die Urenkelin Karls des Großen. Wie ihre beiden Schwestern wählte die Königs-

Die Darstellung der Maria auf der Linde

tochter das geistliche Leben in einem Kloster. Und wie die Schwestern verstarb auch sie bereits in jungen Jahren, am 16. Juli 866.

Der Campanile ragt hinter dem Bauerngarten auf.

In ihrem kurzen Leben hat Irmengard die Menschen offenbar so sehr beeindruckt, dass sie bis heute in immer noch großer Zahl auf die Fraueninsel pilgern, um die Heilige in allen möglichen Bedrängnissen um Beistand anzurufen. Und das, obwohl keinerlei spektakuläre Wunder überliefert sind und auch die Anerkennung der Kirche auf sich warten ließ: Erst 1928 wurde sie seliggesprochen. Doch schon die Art ihrer Bestattung lässt erkennen, wie hochverehrt sie zum Zeitpunkt ihres Todes war: Sie wurde in einem Marmorsarg unter dem südwestlichen Pfeiler der Kirche beigesetzt. Ein Bleitäfelchen, das ihrem Grab etwa 150 Jahre später bei einer ersten Graböffnung beigefügt wurde, belegt, dass sie damals als „über die Maßen selige Jungfrau" um Fürsprache bei Gott gebeten wurde: „Ora pro nobis" steht auf dem Täfelchen, „bitte für uns".

▷ *Anlässlich ihrer Seligsprechung wurden die Gebeine der Irmengard sorgfältig umfasst und in einen gläsernen Schrein gebettet. 2001 wurden sie wieder ausgepackt, um sie von der Wissenschaft auf ihre Echtheit prüfen zu lassen. Was wäre passiert, wenn die Knochen nicht aus der Zeit um 850 n. Chr. gestammt oder Schädel und Skelett nicht zusam-*

169

mengepasst hätten? Hätte ein solches Ergebnis der jahrhundertelangen Verehrung einen Abbruch getan?

Der Kult um die Reliquien eines heiligen Menschen ist etwas Ursprüngliches und Archaisches. Schutz und Heil erhofften sich auch die vorchristlichen Menschen, indem sie die Gebeine ihrer Ahnen verehrten. Und so ist es noch heute: Die Menschen kommen und vertrauen sich mit ihren Sorgen den Heiligen an, hoffen auf Wunder, Heilung und Magie.

▸ Über die von Tausenden von Pilgern über 1200 Jahre ausgetretene steinerne Schwelle verlassen wir die Kirche und wandern um die kleine Insel herum, die schon in vorchristlichen Zeiten besucht und besiedelt wurde, und deren Bewohner im Schutz des Klosters früher vor allem von der Fischerei gelebt haben. Auf der höchsten Erhebung im Zentrum der Insel stand einst die Dorfkirche und bis heute ist der Platz der Dorftreffpunkt. Kein Wunder also, dass hier zwei alte Linden stehen, ihr Alter wird auf etwa 500 Jahre geschätzt.

▷ *Es wird erzählt, dass hier einst ein Hain aus sieben Linden stand. Auf Frauenchiemsee wurden die Linden als heilige Bäume verehrt, so wie auf Avalon die Apfelbäume. Wie wichtig die Lindenbäume für diese Region waren und immer noch sind, wissen wir von unseren zahl-*

Die karolingische Torhalle, das älteste Gebäude der Insel

reichen Begegnungen mit ihnen an den unterschiedlichen Kraftorten. Immer wieder stehen sie an den der Gottesmutter Maria geweihten Kirchen und Kapellen.

Steinfigur auf dem Friedhof vor der Abteikirche

Einer der beiden Bäume auf Frauenchiemsee wird „Marienlinde" genannt, weil ihn seit 200 Jahren eine Abbildung ziert: Maria steht auf einer Schlange, gehüllt in einen blau-weißen Mantel und sie trägt kein Kind auf dem Arm. Die Verbindung von Frau, Schlange und Baum kennen wir auch von den Kelten und ihren heiligen Orten. Und in ihrer Mythologie waren Inseln Orte des Rückzugs, des Betens und der Einkehr. Die beiden Linden sind sehr alt und leider erkrankt. Eine Absperrung schützt sie vor den unzähligen Besuchern und ich fürchte, dass die Magie der Insel mit dem Dahinscheiden dieser alten, heiligen Bäume geschmälert werden könnte.

Spätsommer am Chiemsee   *Die Schleier scheinen sich zu lüften und vor meinem geistigen Auge sehe ich die keltischen Pries-terinnen über die Insel zum Wasser laufen. Sie erwarten eine Barke. Diese taucht aus dem Nebel auf und der leblose Körper eines Mannes wird aus dem Boot gehoben und auf die Erde gelegt. Die Priesterinnen eilen herbei und umkreisen den ermordeten König Artus. Neben ihm im Gras liegt das goldene, heilige Schwert Excalibur.*

Ich verlasse die Insel mit einem Gefühl der Ehrfurcht vor der Magie und den Geheimnissen dieses Chiemgauer Avalons. Das Schiff bringt uns wieder ans Ufer und ich blicke etwas wehmütig zurück. Gerne wäre ich noch geblieben: einige Tage, Wochen oder vielleicht sogar Jahre? Der Zeit entfliehen am Kloster der seligen Irmengard, auf der Insel, die mich an das legendäre Avalon erinnert.

▸   Als wir die Anlegestelle in Gstadt erreichen, beobachte ich mich selbst dabei, dass ich alle Frauen genau mustere, die dort auf das Schiff warten. Ich suche nach einem bekannten Gesicht. Inzwischen bin ich mir fast sicher, dass es heute zu diesem Wie-dersehen kommen wird. Ich kann nicht erklären warum, aber es fühlt sich an, als hätte ich eine Verabredung, obwohl ich Ort und Zeit nicht kenne.

Der Weg zurück am See entlang bietet immer wieder neue Ausblicke über das Wasser zu den Bergen. Manchmal, so erzählt es eine Chiemsee-Sage, sei eine Glocke zu hören, ohne dass man sagen könnte, von wo der Klang herkommt. Das Läuten soll aus einer versunkenen Stadt ertönen. Keine Frage, der See hat etwas Mystisches, ist niemals nur von Sommerfrische und Freizeitspaß geprägt.

▷ *Vor uns breitet sich das Ufer aus und hinter der hellgrauen Wasserfläche zeigt sich die Silhouette der Alpen. Manchmal ist es schwer zu sagen, wo der Himmel anfängt und das Wasser endet. Selbst an einem Tag mit strahlendem Sonnenschein ist es, als ob ein Schleier über dem Chiemsee liegen würde, und diese Mystik ist es, die für mich seine Anziehung ausmacht: Hier zeigt sich vieles erst bei genauerem Hinsehen. Es möchte erfahren, erspürt und erdacht werden.*

In der kalten Jahreszeit, wenn der See seine grauen Schattierungen kaum verliert, überwintern bis zu 30.000 Zugvögel an seinem Ufer und zwischen Oktober und März kommt sogar der königliche Seeadler und gesellt sich zu ihnen. Von den 187 Brutvogelarten, die es in Bayern gibt, leben 148 hier auf engstem Raum. Alle drängen sich um diesen wundervollen und zauberhaften See und von den Beobachtungsstationen aus, an denen wir vorbeikommen, sind sie besonders gut zu sehen.

▸ Andrea ist ein Stück vorausgegangen. Ich trete aus dem Strandpavillon und stehe direkt vor ihr. „Ich hab's gewusst", entfährt es mir. „Ich habe es den ganzen Tag gewusst, dass ich Sie heute treffe", rufe ich und kann es doch selbst kaum glauben. Ich fühle mich bestätigt und völlig überrascht gleichzeitig. Eine Minute früher oder später und wir hätten uns verpasst.

Wie ist das möglich, frage ich mich – ganz erfüllt von diesem Wiedersehen – als Andrea und ich schließlich weitergehen. Habe ich mit meiner Visualisierung das Treffen heraufbeschworen? Ist es möglich, mit einem anderen Menschen im Unterbewussten zu kommunizieren, sodass wir beide wussten, wann wir wo zu sein hatten? Habe ich eine Vorahnung gehabt? Sind wir wie Schachfiguren von einer höheren Instanz so geschoben worden, dass wir beide gleichzeitig am selben Ort waren? Oder war alles schlicht und einfach ein großer Zufall?

Welche Verbindungen zwischen Menschen auch immer bestehen, welche Energien oder Schwingungen – sie haben uns beide heute genau zur richtigen Zeit an den richtigen Ort gebracht.

▷ *Wir folgen dem Ufer des Chiemsees und ich habe das Gefühl, immer wieder in eine andere Welt zu gleiten. Die betörende Schönheit und die vielen Seevögel und Pflanzen lassen mich wie in einem Märchen wandern. Ich sehe einen Kormoran, den schwarzen Vogel, der seine Flügel zum Trocknen ausstreckt. Kormorane haben eine besondere Energie, fast erinnern sie mich an die schwarzgekleideten Nonnen, zurückgezogen und verschlossen, magisch und heilig zugleich.*

Wir kommen an die Einmündung der Prien, an den Fluss mit dem keltischen Namen. Und hier, wo er sich in den Chiemsee ergießt, ist es, als käme man an einen magischen Ort der Vereinigung.

Ein Schwanenpaar gleitet an uns vorbei. Schwäne bleiben ein Leben lang zusammen, sind sich für immer treu. Mit ihrem strahlend weißen Gefieder symbolisieren sie Licht, Reinheit und Vollkommenheit, ihr langer Hals schenkt ihnen eine grazile Erhabenheit. Der bayerische Sonnenkönig Ludwig II. hatte den Schwan zu seinem Symbol erwählt. Und schließlich ist er dem Ruf des Schwans gefolgt und hat die letzte Ruhe im Starnberger See gesucht.

Die beiden Königskinder des Chiemsees, einige Jahrhunderte voneinander entfernt, verewigt auf der Frauen- und der Herreninsel: die Karolingische Königstocher Irmengard und der Wittelsbacher Bayernkönig Ludwig II.

An der Mündung der Prien

Gedicht
Es waren zwei Königskinder

Die folgende Ballade stammt vermutlich aus dem Mittelalter und ist uns in verschiedenen Versionen überliefert. Sie erzählt von den Königkindern, die sich nicht lieben durften. Diese Geschichte könnte am mystischen Chiemsee stattgefunden haben und darf deine Fantasie anregen – und vielleicht erfindest du sogar ein Happy End:

Es waren zwei Königskinder,
Die hatten einander so lieb,
Sie konnten zusammen nicht kommen,
Das Wasser war viel zu tief.

Ach Liebster, könntest du schwimmen?
So schwimm doch herüber zu mir!
Zwei Kerzen will ich anzünden,
Und die sollen leuchten dir.
Da war eine falsche Nonne,
Die tat, als ob sie schlief.
Sie tat die Kerzen auslöschen,
Der Jüngling, der sank so tief

Und als der Jüngling zu Grunde ging,
So schrie sie und weinte sehr.
Sie ging mit verweinten Augen,
Wohl vor der Mutter Tür.
Ach Mutter, herzliebste Mutter,
Der Kopf tut mir so weh;
Ich möcht so gern spazieren,
An den tiefen, tiefen See.

Ach Tochter, liebe Tochter,
Allein darfst du nicht gehn.
Nimm deinen jüngsten Bruder,
Und der soll mit dir gehen.

Ach Mutter, liebe Mutter,
Mein Bruder ist ja noch ein Kind.
Der schießt ja alle Vögel,
Die auf der Heide sind.

Ach Tochter, liebe Tochter,
Allein darfst du nicht gehn.
Nimm deine jüngste Schwester,
Und die soll mit dir gehen.

Ach Mutter, liebe Mutter,
Meine Schwester ist ja noch ein Kind.
Sie pflückt ja alle Blumen,
Die auf der Heide sind.

Die Mutter ging nach der Kirche,
Die Tochter ging ihren Gang.
Sie ging so lang spazieren,
Bis sie den Fischer fand.

Ach Fischer, liebster Fischer,
Willst du verdienen großen Lohn?
So wirf dein Netz ins Wasser,
Und fisch mir den Königssohn!

Er senkte sein Netz ins Wasser,
Und nahm sie in den Kahn.
Er fischte und fischte so lange,
Bis sie den Königssohn sahn.

Was nahm sie von ihrem Haupte
Eine goldene Königskron.
Sieh da, du edler Fischer,
Das ist dein verdienter Lohn.

Was nahm sie von ihrem Finger,
Ein Ringlein von Gold so rot.
Sieh da du armer Fischer,
Kauf deinen Kindern Brot.

Sie schloß ihn in ihre Arme,
Und küßt' seinen bleichen Mund:
Ach, Mündlein, könntest du sprechen,
So würde mein Herz gesund.

Sie schwang um sich ihren Mantel,
Und sprang mit ihm ins Meer:
Gut' Nacht, mein Vater und Mutter,
Ihr seht mich nimmermehr!

Da hörte man Glockengeläute,
Da hörte man Jammer und Not,
Da lagen zwei Königskinder,
Die sind alle beide tot.

Wolkenstimmung über
dem Chiemsee